한 계단씩, 다 함께

한 계단씩, 다 함께

초판 1쇄 발행   2024년 4월 10일
지은이   성장현
펴낸이   김선기

펴낸곳   (주)푸른길
출판등록   1996년 4월 12일 제16-1292호
주소   (03877) 서울시 구로구 디지털로 33길 48 대륭포스트타워 7차 1008호
전화   02-523-2907, 6942-9570~2
팩스   02-523-2951
이메일   purungilbook@naver.com
홈페이지   www.purungil.co.kr
ISBN   978-89-6291-094-0   03320

한 계단씩,
다 함께

가격비교 사이트
다나와의 성공 방정식

푸른길

　국내외 성공한 스타트업 창업자 스토리를 읽어 보면 대부분 상상하기 어려울 정도로 극적입니다. 세계 최고 명문대학을 중퇴하고 친구와 창업하여 마이크로소프트를 일군 빌 게이츠가 대표적입니다. 애플 창업자 스티브 잡스 역시 숱한 굴곡과 역경을 이겨내며 애플을 최고의 반열에 올렸습니다.

　세계 최고 온라인 쇼핑몰 아마존을 창업한 제프 베조스와 전기차 혁명을 일으키고 있는 일론 머스크의 인생과 창업 스토리 역시 너무나 극적입니다. 아시아권에서 손정의 소프트뱅크 회장의 삶도 범상치 않습니다. 손정의 회장은 10대에 스스로 미국 유학을 결정하고 20대에 자신의 사업을 전개할 정도로 창업가 기질을 유감없이 발휘했습니다.

　저는 지방 공대를 졸업하고 대기업 전산실에 취직하여 2000년까지 평범한 직장인으로 살았습니다. 어쩌다 인터넷 혁명 물결을 지켜보면서 나만의 사업을 구상하였습니다. 2000년 저는 아파트에서 컴퓨터 한 대를 놓고 다나와라는 가격비교 사이트를 만들어 스타트업의 길에 들어섰습니다.

그 후 22년 동안 크고 작은 성공을 거두며 다나와를 경영하다가 2022년 회사를 제3자에 매각하고 경영 일선에서 물러났습니다. 창업 22년 만에 수천억 원대에 회사를 매각했으니 세간의 시각에서 제가 큰 성공을 거뒀다고 평가할 것입니다.

하지만 제 삶을 스스로 돌아보면 세속적인 성공을 거뒀다기보다 직장인으로서 가졌던 꿈을 이뤘다고 생각합니다. 제가 창업을 하게 된 내면적 동기는 다람쥐 쳇바퀴 도는 직장 생활에서 반드시 벗어나야겠다는 절박함이었습니다. 그런 절박함이 저로 하여금 무모한 도전에 나서도록 했습니다. 저는 유명 대학이나 굴지의 대기업 출신 국내외 스타트업 스타처럼 엘리트 코스를 밟지 않았습니다. 테크 기반 스타트업을 하기에는 저의 자산은 너무 빈약했던 것이지요.

2022년 초 손때가 묻고 정든 다나와를 떠나 잠시 휴식기를 가졌습니다. 22년 만에 여유를 가진 셈입니다. 쉬는 동안 이런저런 생각을 하다가 나의 경험과 생각을 새로운 젊은 창업자와 나누고 싶어 다성벤처스라는 벤처캐피털회사를 만들었습니다.

그 과정에서 스타트업에 도전하는 젊은이에게 어떤 경험을 나눠 줄 수 있을지를 곰곰이 생각하는 시간을 많이 가졌습니다. 저는 대기업 직장생활을 하다가 뒤늦게 창업을 했고 빌 게이츠나 스티브 잡스처럼 드라마틱한 경영을 했거나 또 화려한 스포트라이트를 받은 것도 아닙니다.

이런저런 생각을 하면서 열정을 갖고 도전하는 창업자에게는 구름 위의 이야기 같은 저명인사의 창업과 경영스토리보다 저처럼 평범한 월급쟁이 출신 창업자의 진솔한 이야기가 더 도움이 되지 않을까 하는 생각에 이르렀습니다.

저는 디지털 시대에 벤처기업을 창업하고 경영을 하면서 즐겁게 생활하고 또 주변 사람과 성과를 나누는 보람을 가질 수 있었습니다. 나름대로 성공적인 스타트업 경영을 한 데에는 많은 요인이 작용했을 것입니다.

인터넷이 막 보급될 시기에 창업했다는 점에서 참 운이 좋았다고 말할 수도 있습니다. 또 좋은 사람을 많이 만나고 함께 일할 수 있었던 것이 성공적인 벤처 경영의 비결이라고도 할 수 있습니다. 그밖에 수많은 요인이 작용하여 저의 경영을 도왔던 것 같습니다. 그러나 무엇보다도 주변의 유혹에 한눈 팔지 않고 정직하고 담백하게 경영했던 점을 핵심 성공 요인으로 꼽을 수 있습니다.

월급쟁이의 벤처 창업 이야기를 이제부터 하나씩 풀어 드리려고 합니다. 제 이야기를 듣다 보면 '아하' 하고 쉽게 이해가 되었으면 합니다. 또 벤처 창업과 경영에 필요한 기본 요소가 무엇인지를 이해하고 실행할 수 있기를 기대합니다.

저의 이야기는 인터넷 도메인 이름인 '다 나와'를 중심으로 '다 보여', '다 모여' 3가지 키워드로 압축할 수 있습니다.

먼저, 다나와(danawa)라는 도메인 이름은 제가 스타트업을 만들게 된 출발점입니다. 또 다나와는 인터넷 시대의 새로운 유통 흐름인 온라인 쇼핑에서 가격비교라는 독특한 비즈니스 모델을 상징하는 단어이기도 합니다.

다나와는 이용자 관점에서 제시한 키워드입니다. 이용자

들이 원하는 것을 다 나오게 하려면 세상에 유통되는 가격정보를 다 보여 줘야 합니다. 저는 다나와 이름에 걸맞게 다 보여 주자는 목표 아래 서비스를 구축하려고 애썼습니다.

'다 보여 주자'는 전략은 소비자가 필요로 하는 모든 정보를 온라인에서 투명하고 신뢰 있게 다 보여 줌으로써 디지털 시대 소비자 권리를 보장해 주는 것이기도 합니다.

하지만 다나와가 지향하는 가치가 인터넷 도메인 또는 브랜드만으로 실현되지 않았습니다. 결국 가치 실현은 일하는 사람의 몫입니다. 저는 집에서 혼자 창업했습니다. 그래서 처음부터 다나와에 당장 필요하거나 언젠가 필요할 것 같은 인재를 만났다 싶으면 "다 모이자"라고 설득했습니다.

성장현과 전경희를 낳고 키워주신
어머님과 장모님께 이 책을 드립니다.

마치며

다 함께, 한 계단씩

시작하며

다나와, 다보여, 다모여

탈출구, 인터넷 도메인

솔직하게 고백하면 다나와(danawa)라는 인터넷 도메인은 가
격비교 서비스와 무관하게 탄생한 이름이었습니다. 제가 가
격비교 사이트를 만들려고 다나와라는 도메인을 구입한 것이
아니라, 창업 전에 막연하게 이름이 좋아 구입한 도메인이었
습니다.

　　1994년 한국에 처음 인터넷 상업 서비스가 시작되고 나
서 1995년 무렵부터 도메인 확보 붐이 크게 일어났습니다. 특
히 사람들이 부르기 쉽고 머리에 착 달라붙는 도메인만 확보
해서 비싼 값에 팔았다는 뉴스가 그런 도메인 확보 경쟁을 부

추겼지요.

당시 언론을 보면 사이버스쿼팅(cybersquatting)*에 대한 기사가 종종 등장해 사람들의 관심을 끌었습니다. 도메인 장사를 통해 수십억 원을 벌었다는 뉴스가 사람들의 입에 오르내리던 시절입니다.

저도 틈이 나는 대로 인터넷 도메인 등록 사이트에 들어가서 이런저런 키워드를 입력해서 원하는 도메인을 찾곤 했습니다. 제가 한참 도메인에 관심을 가질 때였던 1999년도에는 웬만한 닷컴 도메인은 다른 사람이 차지하고 있었습니다. 한국에 인터넷이 보급되기 시작한 것이 1994년 무렵이었으니 제가 도메인 확보 경쟁에 뛰어든 것은 한발 늦은 셈이지요. 그래서 간단하고 또 의미가 명확한 영문 도메인은 다른 사람이 모두 차지하고 있었습니다.

---

* 유명한 기업, 단체, 상품명과 같은 인터넷 주소(도메인: domain)를 선점하는 행위를 뜻한다. 참고로 'squat'은 사전적으로 '무단으로 정착하다, 불법 점유하다'는 뜻을 가지고 있다. 인터넷 대중화 초기에 인터넷 도메인의 미래 가치에 눈을 뜬 사람들이 미리 인터넷 도메인을 무더기로 확보하는 것이 유행했다. (대부분은 미래의 인터넷 사업을 위해 필요한 도메인을 미리 확보하는 차원에서 소유했지만, 일부는 누구나 알만한 회사나 상품명과 같은 도메인을 확보하여 뒤늦게 인터넷 사업을 시작한 업체에게 거액을 요구할 목적으로 도메인 선점 행위를 했다.)

그런 사정을 감안해 영어식 도메인 대신 순수 우리말을 이용한 도메인 짓기를 시도했습니다. 그러면서 받침이 없고 단모음으로 구성된 이름을 메모지에 계속 적곤 했습니다.

어느 순간 우리말로 모두 나온다는 의미로 다나와(danawa)가 머릿속에 번쩍이며 떠올랐습니다. 도메인 등록 사이트에서 검색해 보니 마침 'danawa.co.kr'라는 도메인을 차지한 사람이 아무도 없어 재빨리 돈을 주고 등록하였습니다. 사실 1999년 다나와라는 이름을 지닌 도메인을 확보할 때만 해도 가격비교 서비스를 염두에 두지는 않았습니다. 발음하기 쉽고 기억하기 좋은 한글식 영어 이름 짓기에 더 집중했습니다. 제가 등록했던 도메인들 중 야가자(yagaja)라는 도메인도 한글에 기초해서 만든 것으로 기억합니다.

'danawa.co.kr'를 등록할 때 'danawa.com'은 이미 다른 사람이 등록해 둔 상태여서 안타깝게도 닷컴 도메인은 확보하지 못했습니다. 다나와를 설립하고 몇 년 지난 시점에 다나와닷컴 등록인이 재등록을 하지 않았다는 안내 메일이 와서 바로 등록했습니다.

다나와는 막연하게 언젠가 제가 인터넷 관련 사업을 하게 되면 활용하기 위해 미리 확보한 여러 도메인 중 하나였을

뿐입니다. 어찌 보면 다나와는 검색엔진 사업을 했다면 그 이름으로 딱 어울렸을 수도 있었습니다. '검색하면 원하는 것 다 나와'라고 마케팅할 수 있는 이름이었던 것이지요. 인터넷 시대에 보통 사람은 다나와 하면 머릿속에 검색부터 떠올릴 가능성이 훨씬 높았습니다.

돌이켜 보면 다나와 창업의 배경에는 인터넷이라는 새로운 문명의 등장이 있었습니다. 제가 다나와라는 인터넷 도메인을 확보할 무렵에는 안정된 대기업에 다니는 평범한 직장인에 불과했습니다. 하지만 저는 인터넷 물결이 밀려오는 것에 호기심과 함께 뭔가 새로운 기회가 열리고 있음을 직감했습니다. 그리고 어떤 방식으로든 새로운 물결을 타야겠다는 절박함을 갖고 있었습니다. 안정된 직장생활에 안주하고 싶지 않았습니다.

직장생활을 하면서 새 물결을 타기 위한 실행 방법 중의 하나가 인터넷 도메인 확보였습니다. 아마도 당시 많은 직장인이나 학생들이 저처럼 미래에 대한 희망과 꿈을 갖고 도메인을 찾아 헤매었을 것입니다. 마치 미국 서부 개척 시절 삽과 곡괭이를 들고 황무지에서 금광을 찾아 헤매던 심정과 같을 것입니다.

제게 창업의 출발은 바로 미래 사업 아이템을 담은 인터넷 도메인을 찾는 것이었습니다.

다 나오게 하려면

디지털 시대 도메인은 바로 브랜드입니다. 저는 다나와라는 브랜드를 먼저 만들고 그 브랜드에 걸맞은 내용물을 담기 위해 20년이라는 세월 속에서 굵은 땀을 흘렸습니다.

다나와의 출발점과 성장 과정은 가격비교 서비스의 선발주자인 에누리닷컴(enuri.com 이하 에누리)과 확실하게 다릅니다. 1998년에 설립된 에누리는 시작할 때부터 가격비교 서비스를 표방하면서 한국을 대표하는 가격비교 서비스로 성장을 했습니다. 특히 에누리는 물건값을 깎아 준다는 의미로서, 전자제품 가격비교에서 출발해 모든 온라인 제품에 대한 가격비교 서비스를 제공하는 종합 가격비교 서비스를 지향했습니다.

이에 비해 다나와의 출발은 이름 하나만 있고 내용은 없는 브랜드였습니다. 시행착오 끝에 처음으로 채운 것은 컴퓨터를 구성하는 각종 부품 및 주변장치 가격비교 서비스였습니다. 다 나오기는 다 나오는데 특정 카테고리의 한정된 제품 정보만 다 나왔습니다.

다나와 경영 자체가 이름에 걸맞는 실체를 채우는 과정이었습니다. 또 이름에 맞는 내용물을 채우기 위해 무엇이 필요하고, 어떤 선택을 해야 하는지를 고심하고 실행했던 과정이기도 합니다. 다나와는 창업의 뿌리이면서 동시에 저의 벤처기업 경영 원칙이기도 합니다.

물론 빈 브랜드에 내용을 채울 수 있었던 원동력은 저의 컴퓨터 프로그래밍 능력이었습니다. 제가 컴퓨터 프로그래밍을 전공하지 않았고, 전산실에서 일하지 않았다면 창업을 구상하기 어려웠을 것입니다.

다 보여 주자, 데이터베이스의 힘으로

데이터베이스와의 만남

제가 프로그램 개발 능력을 갖추기까지 여러 행운이 겹쳤습니다. 우선 대학 입학과 전공 선택에서 운이 따랐습니다. 1980년은 예비고사와 본고사를 통해 대학 신입생을 선발하던 시절입니다. 고3 때 친한 동기들이 인하대를 많이 지원해서 저도 인하대 공대 계열별 모집에 응시해 합격하였습니다. 당시 전공은 1학년을 마치고 2학년 올라갈 때 정했습니다.

실은 2학년 진급을 앞두고 아무 정보 없는 전산과보다 수학과를 가려고 했습니다. 그런데 대학 입학 후 사귄 친구들이 모두 전산과를 간다고 하여 저도 따라갔습니다. 지금 생각해 보면 때로는 친구 따라 강남 가는 것도 좋은 것 같습니다. 제 창업 자산을 이때 얻은 것이니까요.

대학 4학년 때 대한항공에서 전산실에 필요한 인력을 특채방식으로 뽑았는데 일정 학점만 넘으면 무시험으로 선발하는 방식이었습니다. 운이 좋게도 저는 특채 기준을 넘어 공채시험을 거치지 않고 대한항공 전산실에 입사했습니다.

세 번째 운은 전산실에서 일하면서 대용량 데이터를 신속하고 유연하게 처리하는 데이터베이스 관리프로그램(Database Management System)의 위력과 매력에 눈을 뜬 것이었습니다.

제가 입사할 무렵 대한항공은 대한민국을 대표하는 항공사로서 고속 성장을 하는 중이었습니다. 그러다 보니 전산실의 업무 비중도 함께 늘어가던 중이었습니다.

항공산업은 산업 특성상 늘 첨단 IT를 도입하고 활용하는 데 적극적입니다. 예를 들어 세계 각지에 구축한 항공 노선 운항 정보를 체계적으로 관리하고 모든 좌석 판매 현황을 관리하려면 성능 좋은 하드웨어와 세계 각지를 연결하는 네트워크가 필요합니다. 전산 경쟁력이 항공산업 경쟁력에 바로 영향을 미칩니다.

항공사는 또 직원들이 전 세계 각지에서 흩어져 일하기에 인사관리에 첨단 IT를 필요로 했습니다. 당시 대한항공은 한국 기업 중에서 가장 글로벌하게 일하는 기업에 속했기에 입사, 승진, 이동, 상벌 등 다양한 인사 요인을 체계적으로 관리하는 것이 인사관리 업무의 전부였다고 해도 과언이 아닙니다.

대한항공은 이런 산업 특성으로 인하여 한국의 여러 기업 중에서 늘 해외 첨단 IT시스템을 도입하는 데 적극적이었고 또 과감하게 투자했습니다. 비싼 첨단 컴퓨터 장비나 소프트웨어를 구매하는 데 적극적이었던 것이지요. 그중 대표적인 사례는 수많은 데이터를 축적하고 데이터와 데이터를 연결해 원하는 작업을 수행하는 소프트웨어인 데이터베이스 관리 프로그램(DBMS)에 대한 투자였습니다.

DBMS는 각종 컴퓨터 소프트웨어 중에서 컴퓨터의 본질을 가장 잘 구현해 주는 프로그램입니다. 컴퓨터가 인간에 비해 가장 잘하는 일로서 여러 데이터를 체계적으로 쌓아 뒀다가 이용자의 요청에 따라 데이터를 이리저리 연결하여 이용자가 원하는 일을 처리해 줍니다.

예를 들어 오늘날 모든 사람이 보편적으로 사용하고 있

는 전자상거래, 모바일 뱅킹, 검색엔진, 티켓 예약, 재무관리, 공급망 관리 등 디지털 시대의 핵심 요소는 모두 DBMS 없이는 근본적으로 작동하지 않습니다.

전산실 초년병 시절에는 IBM의 DB2가 주류였는데 오라클이 관계형 데이터베이스(RDBMS) 시장에서 두각을 나타내면서 DB2를 밀어내고 있었습니다. 대한항공은 데이터베이스의 새로운 강자인 오라클을 적극적으로 도입하였습니다.

DBMS 개발을 맡았던 저는 운이 좋게도 오라클 데이터베이스를 익히게 되었습니다. 기초 교육을 받고 책을 보면서 새로운 데이터베이스를 익히면서 실력이 쑥쑥 늘었습니다. 대한항공에서 가장 재미있게 또 보람을 갖고 일했던 시기는 바로 오라클 데이터베이스를 활용하여 새로운 인사관리시스템을 개발하는 프로젝트를 맡았을 때입니다.

대한항공 인사관리시스템은 직원의 인적정보를 비롯해 발령 및 조직, 상벌 데이터를 관리하고 검색할 수 있는 시스템입니다. 인사시스템의 경우 개인의 이력과 경력 및 사내의 다양한 정보와 연보에 대한 관리가 뼈대였습니다.

인사 발령관리의 경우 신규 발령을 작성할 수 있으며, 여러 가지 업무상 직책상의 발령을 관리하며 검색할 수 있는 기능을 갖춰야 했습니다. 조직관리는 조직재편 및 조직검색을 할 수 있는 기능을 구현해야 했습니다. 상벌은 다양한 직군에 맞춰서 행정처분, 사내처분, 상벌심의 관련 결과를 입력·검색할 수 있는 기능이 중심이었습니다.

또 인사시스템 데이터는 사내의 수많은 시스템과 연결해야 했습니다. 이를테면 급여나 보상시스템은 인사시스템과 직접적으로 연결되어 있습니다. 제가 개발에 참여한 인사시스템은 직원에 대한 거의 모든 정보를 다루기 때문에 사내 전체에서 가장 중요한 시스템이며 근간이었습니다.

인사팀과 복잡한 이슈를 하나씩 해결하면서 인사시스템을 갖춰 가는 과정은 정말 신나고 재미있었습니다. 특히 데이터베이스 지식을 이용해 현실적인 문제를 해결하는 데 자신감이 생겼습니다. 그 과정에서 데이터베이스 프로그램에 대한 지식도 쑥쑥 커가는 것을 느끼기도 했습니다.

제가 대한항공이라는 IT친화적인 회사에서 직장생활을 시작하고 또 오라클이라는 관계형 데이터베이스의 대표적 소프트웨어를 만난 것은 운이 참 좋았다고 할 수 있습니다. 데이터베이스 프로그램이 세상의 복잡한 정보를 서로 연결해 새로운 가치를 만들어 내는 점을 현장에서 잘 익힌 덕분입니다.

주경야개(낮에 일하고 밤에 개발함)

직장인의 삶은 늘 그렇듯 긴장과 이완이 반복되는 생활입니다. 밀레니엄 버그 타령이 한창이던 1999년 말 저 역시 약간의 권태감과 지루한 싸움을 벌이고 있었습니다. 특히 인사시스템 개발 프로젝트를 마무리하고 난 후 전산실 내 저의 업무가 물류시스템으로 바뀌고 나서 새로운 문제해결거리에 목말라했습니다.

물류시스템은 이미 큰 틀이 짜여 있어 유지 보수만 신경쓰면 되었기에 상대적으로 도전의식을 발휘하기 어려웠습니다. 복잡하고 어려운 과제인 인사시스템을 개발할 때와 달리 물류시스템을 만질 때는 엔도르핀이 솟지 않았습니다. 그래서 무엇인가 좀 더 역동적인 게 필요하다는 생각이 머릿속을 떠나지 않았습니다. 또 생각할 시간이 많다 보니 미래를 고민하고 걱정하는 시간도 많았습니다.

직장인들은 미래 자신의 모습을 직장 선배의 삶에서 보기 마련입니다. 저 역시 퇴근 후 직장 선배의 삶을 접하면서 저의 미래를 봤습니다. 저보다 10년 먼저 직장생활을 하고 있는 선배들은 늘 부동산과 자녀교육비를 걱정했습니다. 또 전산직이라는 특수 보직을 갖고는 직장 안에서 임원으로 승진할 수 있는 코스를 밟을 수도 없는 상황이었습니다.

직장 선배의 고민과 삶을 곁눈질하면서 저의 10년 후 모습도 선배와 같을 것이라는 생각이 들었습니다. 답답함이 가슴속에서 차올랐습니다. 1999년 무렵 저는 어떡하든지 직장의 굴레를 벗어나 나만의 일을 해야겠다고 마음먹게 되었습니다.

앞서 소개한 대로 미래의 사업을 위해 필요한 인터넷 도메인은 몇 개 등록해 뒀지만 구체적인 사업 아이템은 여전히 안갯속에 있었습니다. 온라인에서 창업할 만한 아이템을 찾기 위해 뉴스를 검색해 보고 또 주변 지인들에게 아이디어를 탐문하곤 했습니다. 특히 제가 자신 있는 DBMS를 활용해 데이터베이스 기반 사업 아이템을 이리저리 찾았습니다.

처음에 구상한 것은 온라인 쇼핑몰이었습니다. 친인척 중에 용산전자상가에서 디지털카메라 유통업을 하시는 분이 있어, 그분의 조언을 받아 디지털카메라 쇼핑몰을 염두에 두고 디지털카메라 상품과 가격을 인터넷에서 검색할 수 있는 웹사이트를 구상하였습니다.

탈직장을 위해 뭐라도 해야겠다는 심정으로 퇴근하고 집

으로 돌아오면 아파트를 실리콘밸리의 창고 삼아 PC 앞에서 혼자서 뚝딱 프로그램을 개발하기 시작하였습니다. 개발 장비라고 해야 펜티엄급 데스크톱PC 1대와 노트북PC 1대가 전부였습니다.

다람쥐 쳇바퀴를 도는 듯한 직장생활을 하다가 스스로 뭔가 할 수 있는 일을 찾자 가슴이 벅차올랐습니다. 스스로 하는 일은 늘 밤을 새워도 재미있기 마련입니다. 주말도 반납하고 개발에 몰두하였습니다.

몰입하다 보니 2개월 만에 '뚝딱' 하고 다나와 사이트의 기본 틀을 만들어 냈습니다. 역시 수요는 발명의 어머니라는 것을 실감했습니다. 웹사이트 개발을 마무리하자 이제 하루라도 빨리 웹사이트를 공개하여 사람들이 사용하도록 하고 싶었습니다.

웹사이트를 오픈하려면 우선 인터넷 도메인을 연결해야 합니다. 평소에 확보해 뒀던 도메인 리스트를 보면서 어떤 이름이 잘 어울릴지를 살폈습니다. 역시 가장 눈에 띄는 도메인은 'danawa.co.kr'이었지요. 제가 부르기 쉽고 기억하기 쉬운 이름을 골라서 확보했던 다나와가 운명으로 저와 연결된 것입니다.

웹사이트를 운영하는 데 필요한 서버 운영체제(OS)는 오픈소스*인 리눅스를 선택하였고, DBMS는 당시 리눅스와 궁합이 잘 맞았던 마이SQL을 선택하였습니다. 고가의 오라클을 구입할 수 없는 사정도 감안한 선택이었습니다.

다나와 사이트의 데이터베이스에는 디지털카메라 상품과 가격정보를 탑재했습니다. 원하는 디지털카메라를 선택하면 화면에서 제품정보와 가격을 바로 보여 주는 방식으로 구현했습니다.

웹사이트를 운영하기 위해서는 서버, 인터넷 전용회선, 스토리지 등 각종 장비를 확보해야 하는데, 마침 제 옆자리의 동료 배석준 씨가 웹사이트 운용에 관심이 많았습니다. 그분의 소개로 웹사이트 운용 장비는 서초구 방배동에 있는 웹호스팅 회사인 골든 웹을 이용하였습니다.

---

* 오픈소스 소프트웨어 또는 오픈소스는 소스 코드를 공개해 누구나 특별한 제한 없이 그 코드를 보고 사용할 수 있는 소프트웨어를 말한다. 또 소프트웨어 개발과 업그레이드를 특정 기업이 아니라 개발자 커뮤니티가 수행하는 형태를 띤다. 대표적인 오픈소스 소프트웨어는 운영체제인 리눅스(Linux)로서 누구나 라이센스를 받지 않고 인터넷에서 다운로드받아 사용할 수 있다. (저작권 제약이 없는 오픈소스는 마이크로소프트사의 윈도, 애플의 맥OS 등 특정기업의 소프트웨어 독점을 보완하면서 인터넷 사업이 꽃을 피울 수 있는 토양을 제공한 것으로 평가받는다.)

이런 과정을 거쳐 드디어 다나와 웹사이트(www.dana wa.co.kr)의 세팅이 완료되었습니다. 그때가 2000년 2월쯤이 었습니다.

발상의 전환, 왜?

낮에는 직장생활을 하고 밤에는 프로그래밍하는 생활을 하면 서 저의 힘으로 웹사이트를 세상에 내어놓으니 마음이 뿌듯 했습니다. 웹사이트를 오픈하고 나서 기쁜 마음으로 직장 동 료와 주변 지인들에게 웹사이트에 접속해 보라고 권유하며 의견을 구했습니다.

제가 혼자서 웹사이트를 만든 점을 신기하게 여기면서도 그리 뜨거운 반응을 보이지 않았습니다. 웹 디자이너 없이 혼 자서 개발하다 보니 사이트에 이미지가 거의 없어 창고 선반 에 물건만 전시된 모습을 띠었습니다. 그런 외관에 디지털카 메라 정보만 덜렁 나오기에 반응이 그랬던 것 같습니다.

그러다 우연히 전산실의 IT 얼리어답터 중 한 명이었던 홍영진 씨가 PC통신을 이용하는 모습을 어깨너머로 보았습니다. 홍영진 씨는 사내에서 이름난 PC 매니아였습니다. 그는 천리안, 하이텔 등 PC통신망 동호회에서 활동하면서 컴퓨터 관련 신제품이나 기술이 나오면 즉시 정보를 서로 공유했습니다.

또 홍영진 씨는 PC통신망에 올라오는 PC 관련 제품 가격 정보를 다운로드받아 이를 프린트한 다음 펜으로 줄을 쳐가면서 가격 동향을 체크했습니다.

PC 매니아의 최대 관심사는 역시 하루가 멀다 할 정도로 매일 쏟아지는 각종 PC용 부품과 주변기기 정보였습니다. 이들은 대기업에서 파는 완제품 PC에는 관심이 없고, 자신이 원하는 각종 부품과 주변기기를 조합한 조립 PC를 선호했기 때문입니다.

1990년대 후반은 가히 PC 전성기였습니다. PC 시대를 이끄는 거대 IT 기업 중 인텔은 해마다 PC의 핵심 부품인 CPU 성능을 개선한 신제품을 선보이면서 PC 이용자의 가슴을 설레게 했습니다. 아마도 그 당시 386이다, 486이다, 586이다 하면서 업그레이된 성능을 선전하는 광고물을 많이 접했을 것입니다.

PC 시대의 또 다른 주역인 마이크로소프트사는 MS도스

(DOS)부터 시작해 윈도(Windows)라는 PC용 운영체제를 매년 새로 선보이면서 인텔과 함께 유행을 주도했습니다.

PC의 핵심인 CPU와 운영체제가 업그레이드되면 메인보드, 메모리, 사운드카드, 그래픽카드, 모뎀, 모니터, 마우스, 키보드 등 PC 부품과 주변기기도 함께 업그레이드되면서 시장 전체가 요동쳤습니다.

PC 시장의 특성이 그러하다 보니 PC 매니아들은 언제 신제품이 나오나, 가격은 어떤지, 어떤 제품이 더 싸고 성능이 좋은지를 파악하기 위해 늘 귀를 쫑긋 세우고 있었습니다. 따라서 이들에게 컴퓨터 유통업체들이 밀집한 서울 용산전자상가는 성지 그 자체였습니다.

용산전자상가는 PC 관련 기술 및 제품 동향을 한눈에 볼 수 있는 곳이고 동시에 원하는 부품이나 주변기기를 싸게 구입할 수 있는 곳이기도 했습니다.

홍영진 씨 같은 PC 매니아들은 PC통신망에서 제품과 가격정보를 체크한 다음 주말에 용산전자상가를 찾아서 가격 흥정을 하곤 했습니다. 학생이나 직장인처럼 주중에 시간을 내기 어려운 사람은 PC통신망을 통해서 발품을 팔아 원하는 제품의 가격정보를 파악했다가 주말에 용산상가를 방문하는

창립 10주년 기념식에서 창업에 도움을 주었던 배석준(왼쪽), 홍영진(오른쪽) 씨에게 감사패 전달

것이 일반적이었습니다.

참고로 1990년대 후반만 해도 인터넷이 막 보급된 시기여서 PC통신이 정보 플랫폼으로서 대세였던 시기입니다. 천리안과 하이텔이 시장을 주도하고 나우콤, 유니텔 등 신생 PC통신망이 등장한 시기였습니다. PC통신을 잘 모르시는 분은 영화 〈접속〉이나 미국 영화 〈유브 갓 메일〉을 보시면 멀리 떨어져 있는 연인들이 PC통신으로 소통하는 장면을 볼 수 있습니다. PC에 전화선을 연결하고 '이야기'와 같은 통신 전용 에뮬레이터 프로그램을 통해 PC통신에 연결하여 게시판, 동호회 커뮤니티, 뉴스 등을 이용하던 시절이었던 것이지요.

다음은 당시 PC통신망에서 제공되었던 PC 부품 가격정보 서비스를 소개한 신문기사입니다. 이 기사는 PC 매니아들이 이용하는 가격정보가 어떤 형태였는지를 잘 보여 줍니다.

수천 개의 전문상점들이 밀집해 있는 용산전자상가를 제대로 이용하기는 쉽지 않다. 점포마다 부르는 값이 틀려 소비자들은 누구의 말을 믿어야 할지 혼란스럽기만 하다.

PC통신을 이용해 제품 및 가격정보를 미리 알아두면 여러 가지로 편리하다. "용산전자상가 일일가격정보DB" "용산온라인서비스" 등이 PC통신에서 제공되는 서비스들이다. 한일정보통신과 태승정보개발이 개발한 "용산전자상가 일일가격정보DB"는 PC통신 천리안과 하이텔에서 제공되고 있다. 여기에는 전자랜드 등 용산상가 내 500여 점포에서 판매되는 가전 및 컴퓨터 제품의 가격이 게시된다. 천리안에 접속해 "GO YSP"를 입력하거나 하이텔 infoshop에서 60번으로 들어가 "HTC YSP"를 선택하면 된다.

(주)티에스가 개발한 "용산온라인서비스"에서는 컴퓨터 관련 제품소개와 가격정보, 공지사항 등이 제공된다. 이 서비스는 01410망에 접속, "YSON"을 입력하면 된다. …

(한국경제신문 1996년 5월 2일 자)

당시 저는 PC 조립이나 성능 업그레이드에 필요한 부품의 성능과 가격 동향에 큰 관심이 없었지만 홍영진 씨가 PC통신망에서 가격정보를 이용하는 모습을 보면서 '왜 이런 방식으로밖에 정보를 제공하지 못하지…'라면서 고개를 갸우뚱했습니다.

PC통신에 접속하기 위해 느린 모뎀을 작동해 연결되기까지 기다렸습니다. 또 텍스트로 된 정보를 찾기 위해 여러 경

```
■한국 후지쯔 시리즈
 *30.0G  5400    (한국)  : 104,000  *40.0G  5400      (한국) : 104,000
 *40.0G  7200          : 127,000  *Alegro 6 18.2GB 7200RPM: 233,000
 *Alegro 6 18.2GB 10000RPM: 245,000  *Alegro 6 36.4GB 10000RPM:520,000
 *Alegrp 6 9.1GB  7200RPM: 170,000  *Alegrp 7 73.5GB 10000RPM:1,030,00

 (한국후지쯔 노트북용)
 * 5.0G 4200 RPM 버퍼512K:101,000    *10.0G  4200RPM  ATA 66: 114,000
■씨게이트 시리즈
 *20.0G  7200          : 112,000
 *40.0G  5400          : 102,000    *40.0G  7200 PC디렉트  : 122,000
 *60.0G  7200          : 158,000    *40.0G  7200 카르마정품: 122,000
 *80.0G  5400          : 196,000    *40.0G  7200 그레이   : 126,000
 *80.0G  7200          : 215,000    *60.0G  5400 PC디렉트 : 142,000
 *73.0G 10,000 RPM 160MB: 1,090,000
■삼성  시리즈
 *10.8G  5400          : CALL~~~    *20.5G  5400         :  97,000
 *30.0G  5400          : 105,000    *40.4G  5400         : 108,000
 *60.0G  5400          : 148,000    *80.0G  5400         : 196,000
■맥스터 시리즈
 *30.7G 5400RPM LG     : 115,000    *40.9G 5400RPM 그레이 :108,000
 *30.7G 7200RPM LG     : 135,000    *40.9G 7200RPM 그레이 :124,000
 *40.9G 5400RPM LG     : 120,000    *160G 5400RPMLG상사 :398,000
 *40.9G 7200RPM LG     : 137,000
 *61.4G 5400RPM LG     : 155,000
 *60.5G 7200RPM LG     : 178,000
 *81.9G 5400RPM 그레이  : 203,000
 *81.9G 5400RPM LG     : 209,000
■웨스턴 디지탈
 *20.4G  5400          :  97,000    *20.4G  5400         :  97,000
 *20.1G  7200 카르마   : 108,000    *20.1G  7200그레이   : 108,000
 *30.0G  7200          : 118,000    *30.0G  7200카르마   : 119,000
 *40.0G  5400          : 102,000    *40.0G  5400 : 102,000
 *40.0G  7200 하드뱅크 : 123,000    *40.0G  7200         : 123,000
 *60.0G  5400 카르마   : 140,000    *60.0G  5400PC디     : 140,000
 *60.0G  7200 카르마   : 164,000    *60.0G  7200         : 164,000
 *80.0G  5400          : 192,000    *80.0G  7200         : 216,000
 *100.0G 7200 카르마   : 303,000    *100.0G 7200아치바   : 303,000
```

PC통신에 올라왔던 용산 제품 가격정보표
출처: 다나와 사이트

로를 거쳤습니다. 화면에 뜬 정보를 프린트해서 줄을 쳐 가면서 봐야 제대로 가격정보를 볼 수 있었습니다.

이런 모습을 여러 차례 보다가 제가 만든 다나와 사이트와의 접점이 머릿속에 갑자기 떠올랐습니다.

'아, PC 관련 제품과 가격 데이터를 다나와 데이터베이스에 올리면 되겠구나'

제가 관계형 데이터베이스 프로그램에 밝았기에 머릿속에 가격비교 서비스 방법이 금방 그려졌습니다. 즉, 이용자들이 원하는 제품만 선택하면 바로 화면에 가격을 표시할 수 있는 데이터베이스 구축 방법을 떠올렸던 것입니다.

또 동료의 정보 이용 모습과 저의 경험을 통해 얻은 세 가지 포인트에 주목했습니다. 첫째, 소비자들이 원하는 제품을 싸게 사기 위해 현장에서 발품을 파는 대신 사이버스페이스 또는 온라인에서 발품을 팔기 시작한 점을 알아차렸습니다.

소비자들은 싸고 좋은 제품을 구입하기 위해 시장과 백화점을 돌아다니면서 가격정보를 수집하고 흥정합니다. PC 통신이 등장하자 온라인이라는 새로운 공간이 소비자들의 그런 욕구를 채워 주는 역할을 하기 시작했습니다. 저의 눈에는 PC 매니아의 가격정보 이용 행태가 그런 흐름으로 보였습니다.

둘째, 저는 온라인 발품 팔기 플랫폼이 PC통신이 아니라 인터넷이 될 것이라고 확신했습니다. 1990년 말~2000년 사이 인터넷이 폭발적으로 성장하면서 PC통신을 낡고 시대에 뒤처진 공간으로 만들었기 때문입니다.

셋째, 관계형 데이터베이스와 인터넷이 만나는 지점에 새로운 서비스가 꽃을 피울 것이라고 판단했습니다. 단순한 흑백 화면밖에 구현하지 못하는 PC통신에 비해 다양한 기능 표현이 가능한 인터넷 웹이 관계형 데이터베이스의 어마어마한 위력을 잘 담을 수 있다고 본 것입니다.

사무실에서 무릎을 탁 칠 만한 아이디어를 얻고 나서 흥분한 상태로 퇴근했습니다. 아파트에 도착하자마자 다나와 사이트 데이터베이스 구조부터 손을 봤습니다. PC의 각종 부품, 판매처, 가격 위주로 데이터베이스 구조를 새로 짜기 시작했습니다. 예를 들어 모니터, 램(RAM), CPU, HDD, CD, 스피커, 케이스 등 PC를 구성하는 각종 부품과 주변기기 항목을 만들었습니다.

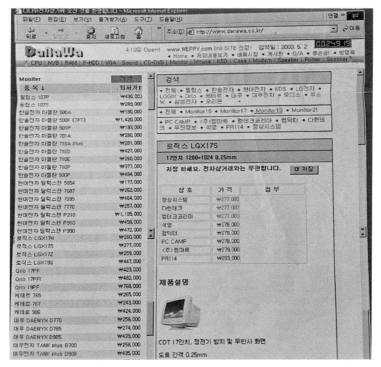

2000년 당시 전화 모뎀으로 인터넷을 이용하는 환경을 고려해 무거운 이미지를 사용하지 않고 프레임을 나눠 제품과 가격을 빠른 속도로 찾을 수 있도록 구성한 다나와 초창기 첫 화면

첫 번째 데이터는 PC통신망에서 구한 정보를 바탕으로 품목, 가격, 판매처 등 데이터 항목에 맞게 입력하였습니다. 사람들이 실제 필요로 하는 서비스를 구축할 수 있다고 생각하니 너무 신이 나서 힘든 줄도 모르고 개발에 몰입했습니다.

퇴사를 결행

2000년 4월 10일 드디어 다나와가 PC 중심 컴퓨터 가격비교 사이트로서 처음 오픈하였습니다. 당시 컴퓨터 관련 정보유통 파워는 PC통신 내 컴퓨터 동호회가 최고였습니다. 컴퓨터 동호회에서 활동하는 전산실 동료와 대학 친구에게 다나와 사이트 홍보를 부탁했습니다. PC통신 내 컴퓨터 동호회 커뮤니티 게시판에 다나와 도메인을 소개해 달라고 청을 넣은 것입니다.

그날 집에 돌아와서 사이트 접속 로그를 분석해 보고 깜짝 놀랐습니다. 딱 하루 동안 방문자가 수천 명에 이르렀던 것입니다. 저의 아이디어를 담은 다나와 사이트가 실제 작동하고 사용자들이 환영하는 것을 보면서 가슴이 벅찼습니다. 벅

찬 감동을 아내와 함께 막걸리를 마시면서 밤늦게까지 나눴던 기억이 생생합니다.

웹사이트가 입소문을 타면서 다나와를 찾는 방문객이 계속 증가했습니다. 하루가 다르게 트래픽이 오르는 모습을 보면 미소가 저절로 지어졌습니다. 다나와 사이트의 자유게시판에 "왜 진작 이런 사이트가 나오지 않았느냐"는 등 다나와를 칭찬하는 게시글이 계속 올라와 저의 사기를 더욱 높여줬습니다.

폭발적인 방문자 수 증가와 사용자들의 뜨거운 호응은 직장인과 창업자의 길 사이에서 하나를 선택해야 하는 시기가 되었음을 의미했습니다. 다나와 성장 추세를 감안하니 더이상 주경야개 방식으로 사이트를 운영할 수 있는 상황이 아니었습니다. 막연하게 탈직장을 머릿속에 그리며 시작했던 일이 실제 홀로 광야로 나가야 하는 상황을 만들었습니다.

다나와 사이트를 오픈하고 나서 얼마 지나지 않아 회사에 사표를 냈습니다. 상사와 동료들은 이구동성으로 말렸습니다. 안정된 직장을 나와 왜 위험한 일을 하느냐는 조언이었습니다. 하지만 직장 선배이자 아내인 전경희 씨는 담담하게 "당신 하고 싶은 대로 하세요"라면서 저의 선택을 지지했습니다. 저는 아내의 격려 덕분에 뒤도 돌아보지 않고 사표를 제출하고 본격적으로 다나와 사이트에 전념하기 시작했습니다.

2000년 4월 10일 다나와 사이트를 론칭하고 20일쯤 뒤에 사표가 수리되었습니다. 사표 수리는 13년에 걸친 직장생활에 종지부를 찍는 절차였습니다. 동시에 아파트에 놓인 컴퓨터와 다나와 사이트를 자산으로 삼아 창업자로 새로 출발하는 순간이기도 했습니다.

연탄 배달에서 배운 절박함

호기롭게 사표를 던지고 스타트업의 길에 발을 디뎠지만 해결해야 할 과제가 한두 가지가 아니었습니다. 매일 다나와 사이트를 찾아오는 방문자 수를 확인하면 미소가 저절로 지어졌지만, 방문자의 기대 수위가 점차 높아지는 것을 게시판을 통해서 알 수 있었습니다.

이용자의 기대에 부응하면서 사이트를 계속 성장시키기 위해서는 신제품 정보를 신속하게 반영해야 하고 또 가격 변동도 실시간 반영해야 했습니다. 사이트를 오픈하기 위해 혼

자서 수작업으로 기반 데이터베이스를 성공적으로 구축했지만 사이트가 성장을 하기에는 조금 부족하였습니다.

해법은 용산전자상가 유통업체들이 자발적으로 다나와 사이트에 들어와서 자신들의 제품과 가격 동향을 입력하는 것이었습니다. 또 다른 방향에서 잠재적 컴퓨터 소비자들에게 다나와의 매력을 알려 대중화시켜야 했습니다. 다나와가 중간에서 유통업체와 소비자를 연결하여 선순환 구조를 만드는 것이 해법이었습니다.

다행히 다나와 출범 이후 입소문을 타서 몇 업체들이 자발적으로 데이터를 입력하겠다고 했습니다. 하지만 잠재적 컴퓨터 소비자들을 모두 다나와로 끌어들이기 위해서는 소수 입점 업체로는 한계가 뚜렷했습니다. 또 PC통신 동호회에서 컴퓨터 매니아를 대상으로 다나와를 노출해 홍보 효과를 봤지만 확장성에는 한계가 있었습니다.

이런저런 고민을 하다가 이왕 맨손으로 시작한 일, 본격적으로 발로 뛰자고 마음먹었습니다. 우선 다나와 서비스의 특징과 장점을 담은 전단지 1만 장을 제작하였습니다. 전단지에 담은 내용은 다음과 같습니다.

신개념의 컴부품 가격비교 싸이트
매일 입력된 정확한 가격은 기본
모뎀에서도 ADSL 같은 빠른 속도
사용자의 편리를 위한 탁월한 검색기능
다리품 안 팔고도 용산을 한눈에!!
가격을 제공하실 업체 20분만 모십니다.

깨끗하고 단순한 시작화면.
다양한 검색기능에 저장기능까지도.

　　전단지를 우선 용산에 배달되는 종합일간지에 삽입하여 뿌렸습니다. 이어 아내, 동생, 전 직장 동료 등 지인들을 총동원해서 사람들이 몰리는 주말에 용산전자상가 길거리로 나갔습니다. 전단지를 가득 들고 행인들에게 "컴퓨터 가격 인터넷에서 비교해 보세요"라면서 배포했습니다. 용산전자상가를 방문하는 사람이라면 컴퓨터 부품이나 전자제품을 쇼핑하러 나왔을 테니, 그들에게 우리 사이트를 어필하는 것은 매우 효과적일 것이란 판단에서였습니다.
　　하지만 선인상가 네거리에서 전단지를 한참 배포하면서

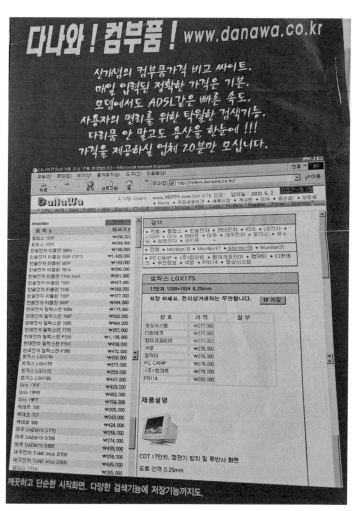

초창기 다나와 서비스의 특징과 장점을 담은 전단지

우리 일행을 바라보는 상인들의 시선이 따갑게 느껴졌습니다. 게다가 저를 더 불편하게 만든 것은 전자상가 이용자들이었습니다. 전단지를 받아 든 이들이 몇 걸음 가지 않아 전단지를 길바닥에 바로 버렸습니다.

자부심을 담아 만든 전단지가 바닥에 널브러지는 모습을 보니, 꼭 제가 사람들에게 무시당하는 듯했습니다. 마음이 매우 씁쓸해서 전단지 배포를 마치고 일행과 중국집에 들러 매운 짬뽕 국물과 소주로 마음을 달랬습니다.

하지만 마음속에서 '그래, 한번 해 보자'는 투지가 솟아났습니다. 대학교 때 한번 각박한 세상의 어려움을 겪어 봤기에 전단지가 무시당하는 좌절감 정도는 아무것도 아니라는 생각이 들었기 때문입니다.

저는 대학에 입학하고 나서 일주일 만에 휴학을 하고 고향으로 내려갔습니다. 집안 사정으로 가세가 기울어 집안을 도와야 했던 절박한 상황이었기 때문입니다. 당시 재정적 어려움에 처한 부친은 친구분의 도움으로 김포에서 연탄과 LPG 가스 대리점을 열었습니다. 워낙 집안 사정이 다급했기에 제가 힘을 보탤 수밖에 없었습니다.

대학 생활의 달콤함을 맛보기도 전에 연탄을 주문하는

거래처의 거친 사람들을 매일 상대해야 했습니다. 연탄 배달 관리가 힘들었지만 거래처 관리는 더 힘들었습니다. 당시 연탄 거래는 대부분 외상 거래였습니다. 그러다 보니 수금하러 가면 배 째라는 식으로 연탄값을 떼먹는 사례가 많았습니다.

눈 깜빡하면 속는 현실과 맞부딪히면서 연탄값을 떼이지 않으려면 어떻게 해야 하는지를 나름대로 터득하였습니다. 경영학 교과서에서는 가르쳐 주지 않는 현장 경영 경험을 연탄 배달일을 하면서 생생하게 배웠습니다. 무슨 수를 써서라도 집안의 돈을 떼이지 않아야겠다는 절박함이 저를 그렇게 만들었습니다.

소주 몇 잔을 마시는 동안 월급쟁이로 살면서 한참 잊고 있었던 절박함이 가슴 깊숙한 곳에서 다시 솟았습니다. 그 절박한 마음이 다시 연탄불처럼 활활 타오르기 시작하였습니다. 다나와는 그렇게 용산전자상가에서 씨를 뿌리고 뿌리를 내리기 시작했습니다.

다 모여라, 목동에

"직원이 아니라, 동료가 되어 주시게."

다나와는 운 좋게도 계속 성장 곡선을 그렸습니다. 컴퓨터 유통업체들이 계속 입점을 신청했고, 컴퓨터 매니아뿐만 아니라 컴퓨터 주변기기 잠재 구매자들이 다나와를 방문하는 선순환 성장을 계속하였습니다. 2001년 2월에 300만 누적 방문자 수를 기록할 정도였습니다.

가격비교 서비스의 성공 가능성을 확신하고 대학 동문인 손윤환 씨(전 다나와 대표)에게 가장 먼저 "함께 벤처사업을 해 보자"고 손을 내밀었습니다. 손윤환 씨는 2001년 6월에 합류해 서비스 개발과 운영을 제외한 마케팅 영업 경영을 맡았습니다. 손윤환 씨 합류 과정과 역할에 대해서는 3부에서 상세히 소개하겠습니다.

　다나와 사이트 방문자 수는 매월 빠른 속도로 증가했습니다. 그러다 보니 웹호스팅 업체에 위탁했던 다나와 사이트 웹서버가 다운되는 사태가 종종 벌어졌습니다. 다나와가 고속 성장하는 것도 좋았지만 제가 쉴 틈이 없었습니다. 웹서비스를 모니터하고, 게시판에 올라오는 질문에 답변도 해야 하고, 추가 개발도 해야 하는 등 손이 열 개 있어도 모자랄 정도로 1인 다역을 하였습니다.

　손윤환 씨와 상의하여 다나와 최초로 정직원을 채용하기로 했습니다. 다나와 초창기 게시판 글을 눈여겨보면서 마음에 둔 영입 후보가 있었습니다. 컴퓨터 지식이 꽤 깊고 열정적으로 활동하던 염오준 씨였습니다.

　염오준 씨는 강원대학교에 재학 중이어서 춘천에 거주하고 있었습니다. 저는 무작정 염오준 씨에게 만나고 싶다고 연락을 하고 춘천으로 갔습니다. 하지만 염오준 씨는 다나와 합류 제안에 시원하게 답을 주지 않았습니다. 염오준 씨는 다나와 입사에 관심을 보이면서도 대기업 입사를 바라는 부모님 입장을 고려해 선뜻 합류하겠다고 답변하지 않았습니다. 그

때나 지금이나 스타트업 취직을 바라는 부모는 드물 것입니다. 자신의 아들이 삼성이나 SK처럼 누구나 이름만 들어도 알 만한 대기업에 취직하기를 바랄 것입니다.

저는 삼고초려의 자세로 세 차례 춘천을 찾아갔습니다. 그리고 염오준 씨에게 "직원이 아니라, 동료가 되어 주시게. 함께 다나와를 키워 봅시다"라고 설득했습니다. 정말 진심을 담은 말이었습니다. 이렇게 삼고초려 끝에 염오준 씨가 2001년 12월에 다나와 1호 사원으로 입사했습니다.

염오준 씨 영입을 시작으로 열린 마음으로 다양한 곳에서, 다양한 인재를 다나와가 터를 잡은 목동으로 꾸준하게 초빙했습니다. 염오준 씨처럼 다나와를 좋아하는 이용자, 다나와를 취재하러 온 언론인, 다나와 거래처인 용산전자상가 출신, 동네에서 맥주 마시면서 사귄 인맥, 경쟁회사 출신 등 여러 인연을 통해 인재를 목동으로 모시려고 애썼습니다. 특히 저보다 낫다고 생각하는 사람을 만나면 목동으로 모셔서 부족한 부분을 배우고 도움을 받는 쪽을 선택했습니다.

제가 좋은 사람이다 싶으면 "목동으로 오셔서 저와 함께 즐겁게 놉시다"라고 쉽게 말을 건네는 습성은 저의 성장 과정과 관련이 깊은 듯합니다. 저는 어릴 때 한 객지 살이의 영향으로 선후배와 잘 어울리고, 제 개성을 발휘하기보다 여러 사람이 어울려 잘 지내도록 분위기를 만드는 것이 몸에 배어 있습니다.

일단 목동에 합류한 인재에 대해서는 즐겁게 어울려 지내면서 자신의 일을 스스로 찾을 때까지 식객으로 대우하려고 했습니다. 평소에 장수를 잘 뽑아서 편안하게 밥 먹고 훈련할 수 있는 환경을 만들어 주면, 어떤 전투 상황이 벌어져도 그 장수들이 알아서 작전을 짜고 전투를 수행할 것이라고 믿었던 것입니다.

1부

다나와와 용산전자상가

다나와의 뿌리, 용산전자상가

2020년은 다나와가 출범한 지 20년 되는 해였습니다. 이를 기념하기 위해 다나와는 '응답하라 2000, 다나와는 어떻게 오늘의 다나와가 되었나'라는 타이틀로 이벤트를 진행하였습니다.

"용산을 직접 가지 않아도 다나와는 용산을 내 눈앞으로 옮겨왔지요."
"컴퓨터 하면 용산이었지만 어느 순간 가격비교를 하러 다나와에 접속하는 게 일상이 되었습니다."
"고집 같아요. 하나의 영역만 꾸준히 판 결과네요."

당시 이벤트 게시판에 다나와 이용자들이 올린 글의 일부입니다.

이용자들은 다나와 하면 컴퓨터 또는 PC와 용산전자상가 이미지를 떠올립니다. 물론 다나와는 2004년부터 컴퓨터 카테고리에서 벗어나 가전, 자동차, 의류 순으로 계속 카테고리를 확장해 현재 종합 가격비교 정보를 제공하고 있습니다. 그럼에도 불구하고 이용자의 머릿속에는 이벤트 게시판에 올라온 글처럼 다나와 브랜드에는 컴퓨터와 용산전자상가 이미지가 강하게 새겨져 있는 것이지요.

용산전자상가는 한때 동아시아 최대 디지털 유통 복합단지로서 수조 원대의 거래가 이뤄질 정도로 명성이 높았습니다. 하지만 요즘 용산전자상가를 방문하면 옛 명성을 느끼기 어렵습니다. 평일에는 도시 변두리 모습이나 다를 바 없을 정도로 한적합니다.

그래서인지 다나와가 수천억 원대 가치로 매각되었다는 소식을 접한 사람들은 가끔 고개를 갸우뚱거리고는 합니다. 수많은 유통 영역 중에서 겨우 PC와 용산전자상가 유통망을 온라인에서 장악했다고 수천억 원의 가치로 인정하느냐는 시선이지요.

한국 산업 역사에서 PC 시장과 용산전자상가는 흥망성쇠 곡선을 함께 탄 쌍둥이와 같습니다. 1990년대 중반부터 2000년대 후반 스마트폰이 등장하기 전까지 PC와 용산전자상가는 한국 산업계에서 가장 핫한 영역이었습니다.

하지만 스마트폰이 등장해 모바일 혁명이 일어난 것을 계기로 PC 시장이 정체되기 시작했습니다. 동시에 용산전자상가도 하락세를 겪기 시작했습니다. 물론 용산전자상가의 하락에는 스마트폰 외에 온라인 쇼핑이라는 새로운 유통 흐름이 크게 작용을 했습니다.

2000년대 최전성기에 용산전자상가에는 4000여 개의 점포가 입점해 있었고 연간 1300만 명이 찾는 동북아 최고의 전자제품 유통 허브였습니다. 매출액도 10조 원을 상회할 정도로 서울에서 가장 첨단이면서 가장 뜨거운 시장이었습니다.

다나와의 출발과 성장, 정체, 재도약 등 다나와의 20년을 제대로 설명하려면 용산전자상가의 탄생에서부터 현재에 이르기까지 변천사를 함께 봐야 합니다. 한국 IT산업사에서, 하드웨어 분야 역사에서 가장 중요한 축을 이루고 있기 때문입니다. 용산전자상가가 없었다면 다나와도 없었습니다.

세운에서 용산으로

용산에 전자상가가 조성되기 전에 전자제품 시장을 이끈 곳은 청계천 세운상가와 대림상가였습니다. 이곳은 1960년대 미군부대에서 흘러나온 각종 고물 장비를 고쳐서 파는 가게들이 생겼고 그 과정에서 자연스럽게 가전제품을 포함한 각종 전자제품을 취급하는 상가가 모이기 시작했습니다.

서울에서 1970~1980년대 중고교를 다닌 사람 중 게임기와 PC에 호기심을 지녔다면 세운상가에 대한 추억거리를 하나씩 갖고 있을 것입니다. 갤러그 등 1980년대 인기 게임기계 공급처가 바로 세운상가였습니다.

한국에 애플과 IBM 호환 8비트 개인용 컴퓨터가 처음 보급되기 시작할 무렵 세운상가는 PC를 구매하려는 이들로 발길이 끊이지 않았습니다. 세운상가는 그야말로 한국 전자산업의 발상지 역할을 한 것이지요.

1980년대 들어 세계적으로 전자제품 산업이 급성장함에 따라 정부는 전자산업 육성의 필요성을 느꼈습니다. 따라서 1987년 청계천 세운상가와 대림상가를 용산으로 이전하는 정책을 추진합니다. 청계천 변에 자리 잡은 세운상가는 주상복

합건물이어서 좁고 낡아 확장성이 부족했기 때문입니다.

정부와 서울시는 새로운 전자상가 후보지로 서울 용산 청과물시장 자리를 선택했습니다. 한강에 인접한 용산은 오래전부터 전국의 물자가 모이고, 또 전국으로 나가는 관문 역할을 했습니다. 용산의 이런 지리적 특성 덕분에 1960년대부터 현재 용산전자상가 터에 대형 청과물시장이 들어서 활황을 누렸습니다. 저도 명절을 앞두고 부모님을 따라 용산 청과물시장을 방문했던 기억이 흐릿하게 남아 있습니다.

때마침 서울 송파구 가락동에 농수산물 도매시장이 조성됨에 따라 용산 청과물시장을 가락동으로 이전할 계획이어서 용산 청과물시장 자리는 대규모 상권을 새로 조성하기에 조건이 좋았습니다. 주변에 용산역과 서울역이 있어 첨단 유통단지로서 최고의 입지 조건을 갖고 있었지요.

드디어 용산전자상가는 1987년 일반인에게 모습을 드러냈습니다. 용산전자상가는 나진상가, 선인상가, 원효상가, 전자랜드, 전자타운, 터미널상가 등 크게 6개 빌딩군이 모인 곳입니다. 이 중 터미널상가는 헐리고 그 자리에 드래곤호텔이 들어서 있습니다.

용산전자상가가 들어서기 전까지 아시아에서 전자기기

유통시장 하면 일본 도쿄의 아키하바라였습니다. 전후 일본 전자산업이 눈부시게 성장하면서 일본이 자랑하는 카메라, 카세트, TV 등 전자제품을 한데 모아놓은 아키하바라는 전자기기 매니아에게 성지와 같았지요.

용산전자상가는 한국의 반도체와 전자제품 산업이 일본을 따라잡아 추월하는 사이 국제적 명성도 함께 올라갔습니다. 용산전자상가 전성기에는 아키하바라의 명성을 넘어서서 아시아 각지에서 찾아온 외국인의 발길이 몰리기도 했습니다.

PC와 용산전자상가

1987년은 한국 역사에서 여러 가지 변곡점이었습니다. 정치면에서 보면 1987년 민주화 운동을 통해 대통령 직선제가 도입된 해입니다. 산업 측면에서 보면 IBM 호환 XT PC가 등장해 PC의 대중화 시대가 열린 해입니다.

개인용 컴퓨터를 뜻하는 PC는 스티브 잡스와 스티브 워즈니악이 1976년 만든 애플이 시초입니다. 실리콘밸리의 무명 청년 2명이 만든 애플이 개인용 PC 시장을 새로 만들어 승

승장구했습니다. 이 기세에 놀란 곳은 당시 컴퓨터산업계의 절대 강자였던 IBM이었습니다.

IBM은 폭발하는 PC 시장에서 애플을 잠재우기 위해 비장한 카드를 꺼냅니다. 그것은 바로 호환성과 개방성을 표방하는 IBM 호환 PC입니다. IBM은 우선 IBM 외 다른 업체도 PC를 만들 수 있도록 설계를 개방했습니다. 애플은 설계를 개방하지 않고 애플만 독점했기에 애플 컴퓨터와 비슷한 제품이 나올 수 없었습니다.

IBM은 또 PC의 여러 구성요소를 잘게 쪼개어 각 부품을 소비자들이 원하는 부품을 구해서 조립하거나 갈아 끼워도 작동하도록 설계했습니다. 그 점이 바로 호환성입니다.

PC의 핵심 구성요소는 크게 본체, 모니터, 키보드, 마우스, 프린터로 정리할 수 있습니다. 본체의 경우 CPU라는 핵심 반도체, 작업 데이터 기억을 담당하는 램(RAM), 작업한 데이터를 장기 저장하는 스토리지(HDD)로 구성됩니다.

이 밖에 PC통신이나 인터넷을 하기 위해 필요한 모뎀, 음악을 듣기 위한 사운드카드와 외장 스피커, 고화질 영화를 보기 위한 DVD 플레이어 등 여러 장치가 컴퓨터에 필요합니다. 게임매니아들은 고화질 그래픽카드를 꼭 필요로 합니다.

자동차나 TV와 비교해 보면 PC는 독특한 면을 많이 지니고 있습니다.

자동차와 가전제품을 구입하면 최소 10년 정도 최초 구입한 상태 그대로 사용합니다. 타이어, 엔진오일 등 몇 가지 소모품만 교체해 주면 사용하는 데 큰 불편이 없습니다. 또 새로운 기술을 장착한 신제품이 나오면, 기존 제품을 두고 신제품을 사야 합니다. 새로운 기능을 장착한 부품만 교체해서 사용할 수 없는 폐쇄적 구조이기 때문입니다.

이에 비해 PC는 기본 틀을 두고 새로운 부품을 갈아 끼울 수 있는 호환성이라는 특징을 갖고 있습니다. 모니터를 예로 들어 작은 모니터를 사용하다가 더 큰 화면을 원하면 본체는 그대로 두고 큰 화면 LCD모니터를 구입해 본체에 연결해서 사용할 수 있습니다.

PC의 이런 특성으로 인해 다른 전자제품과 전혀 다른 유통망이 등장하였습니다. 또 완제품 시장과 달리 시장 규모도 계속 증폭하는 속성을 띠기 시작했습니다. PC 한 대가 2백만 원이라고 해도, 이용자들은 CPU와 램을 업그레이드하고 각종 주변기기도 업그레이드하려는 욕구를 가지기에 시장 규모가 단순히 2백만 원에 그치지 않는 것입니다. 시간이 흐를수록 최초 판매가격의 몇 배가 될 수 있을 정도로 연관 효과가 큰 산업이었던 것이지요.

1987년 IBM 호환 PC 출시는 1987년 용산전자상가의 전성시대를 여는 서막이었습니다. 먼저 용산전자상가의 나진, 선인, 전자랜드에 PC와 PC 관련 부품 및 주변기기 유통업체들이 앞다투어 입점했습니다.

이어 전국에서 PC 유행에 한발이라도 더 앞서가려는 사람들이 몰려들기 시작했습니다. 더불어 PC라인, PC사랑 등 정보미디어들도 용산을 샅샅이 훑고 다니면서 용산전자상가와 PC 소비자를 이어 주는 역할을 했습니다. PC라는 디지털 신문명을 중심으로 거대한 유통 및 정보 생태계가 용산이라는 땅에 형성된 것입니다.

용산은 호기심 천국

IBM 호환 PC가 용산전자상가 시대를 여는 서막이었다면 1995년 마이크로소프트사가 발표한 PC 운영체제인 윈도(MS Windows)는 PC 전성시대를 알리는 축포였습니다.

윈도가 등장하기 전까지 PC를 사용하려면 도스(DOS)라는 운영체제 프로그램 사용법을 익혀야 했습니다. 이런 제약 때문에 PC 사용자들은 초중고생 중 게임매니아들이 주류를 이뤘습니다. 또 기업에서도 각 사무실에 한 대 정도 비치하고 문서작성 담당자가 타이핑 기기 대신에 사용하는 사무용 기기에 불과했습니다.

윈도는 도스의 프로그램 언어를 외울 필요 없이 마우스로 화면에 있는 아이콘을 클릭하여 원하는 컴퓨터 작업을 할 수 있는 운영체제입니다. 윈도를 장착한 PC가 등장하자, PC는 각 가정에 한 대 정도는 비치해야 하는 가전제품의 위치에 오르기 시작했습니다.

사무실에서도 문서 담당 직원용 사무기기에서 누구나 한 대씩 갖고 업무를 처리하는 기본 장비로서 자리를 잡기 시작했습니다.

윈도가 등장하기 직전에 인터넷이 등장해 PC 통신을 대신하기 시작한 것도 PC 대중화 기폭제 역할을 했습니다. PC를 장만해 놓고 문서작업과 게임 외에 별로 할 거리를 찾지 못했는데, 인터넷이 등장해 누구나 전 세계 각종 정보를 실시간으로 이용할 수 있는 환경이 조성된 것이죠.

당시 PC 시장의 흐름을 이해하기 위해서는 1990년대 PC 제조 및 유통 구조를 살펴볼 필요가 있습니다. PC 제조업체를 보면 크게 삼성전자, LG전자, 대우전자, 현대전자 등 대기업 계열 전자회사와 삼보컴퓨터, 갑을컴퓨터 등 국내 토종브랜드가 시장을 주도했습니다. 특이한 점은 완제품을 만들어 파는 업체 외에 수많은 조립PC를 파는 업체들이 나름대로 시장에서 큰 비중을 차지한 점입니다.

용산전자상가에는 대만 등지에서 부품을 수입해 조립해서 파는 조립PC 업체들이 주류를 이뤘고, 일부 대학가 앞에도 글방컴퓨터 등 조립PC 업체들이 문을 열어 제법 재미를 보고 있었습니다.

PC 유통에서는 부산에서 출발해서 서울에 진출한 세진컴퓨터랜드가 TV 광고와 전단지 광고에 막대한 돈을 사용하면서 두각을 나타내고 있었습니다. 삼성전자와 LG전자는 자체 유통망을 통해 PC 제품을 공급하였습니다.

용산전자상가와 구의동 테크노마트는 대기업 제품, 중견기업 제품, 조립PC 등 모든 PC 제품을 취급하는 곳으로 자리를 잡았습니다. 용산전자상가의 가장 큰 장점은 PC 관련 모든 주변기기와 부품을 취급하는 PC 종합쇼핑몰이라는 특성이었

용산전자상가 풍경
출처: 다나와/다나와 회원 제공

72

습니다. PC 관련 부품은 무엇이든지 용산만 뒤지면 무조건 구할 수 있다는 이미지를 확실히 굳힌 것입니다.

용산전자상가의 이런 매력은 PC라는 기기의 특성과 밀접합니다. PC를 구성하는 요소가 복잡하고 각 부품 하나하나가 몇 개월이 멀다 하고 새로운 기능을 장착하면서 발전을 거듭했기 때문입니다.

가장 중요한 부품인 인텔의 CPU만 봐도 286, 386, 486, 586 하면서 거의 2년 단위로 이전 제품과 기능을 비교하기 어려울 정도인 신제품이 나왔습니다. 램의 저장용량도 비슷하게 빛의 속도로 신제품이 나왔고, 데이터 저장장치 역시 정신 없이 혁신적인 기능을 장착한 신제품이 쏟아져나왔습니다. PC 시대 기능에 관심 많은 소비자들은 대기업의 대리점이나 세진컴퓨터와 같은 양판점에서 원하는 것을 얻기 어려울 수밖에 없었습니다.

PC라는 제품의 특성은 새로운 미디어 수요도 낳았습니다. 새로운 제품과 새로운 기능에 대한 정보 수요가 폭증하자 PC통신 내 동호회가 활발하게 활동했습니다. 또 PC 정보를 다루는 전문잡지들이 우후죽순 창간되었습니다. 〈PC라인〉, 〈PC사랑〉 등이 대표적인 전문잡지였습니다.

PC잡지와 PC통신에서 새로운 제품과 기능에 대한 정보를 접한 PC 이용자들은 주말이나 방학을 이용해 용산전자상가를 찾았습니다. 용산전자상가에 가면 최신 유행 흐름을 한눈에 볼 수 있고, 또 발품을 잘 팔면 생각한 가격보다 싸게 제품을 얻을 수 있었습니다.

별로 살 것이 없어도 주말에 용산전자상가를 한 바퀴 돌면서 이것저것 구경하는 것을 즐기는 사람까지 용산을 찾았습니다. 용산전자상가는 그야말로 정보화 시대의 호기심 천국이었습니다.

용산전자상가의 폐해

2000년대 들어서면서 용산전자상가는 PC 유통에서 천하를 장악한 듯해 보였습니다. 생산과 자체 유통망을 갖고 있던 삼보컴퓨터, 현주컴퓨터 등이 쇠락하고 세진컴퓨터가 부도로 사라지면서 PC 유통망에서 용산을 견제할 곳이 보이지 않았습니다. 한때 프라임건설이 구의동에 테크노마트를 세워 인기를 얻었지만, 인기가 그리 오래가지 않았습니다.

이 무렵 스타크래프트 등 PC용 게임과 리니지 등 온라인 게임 전성기가 시작되면서 게이밍 PC에 대한 수요가 폭증했습니다. 게이밍 PC는 일반 PC보다 단가가 높아 매력적인 시장이었는데 용산이 그 시장을 장악하고 있었습니다.

그런데 용산전자상가가 PC 유통 패권을 장악하자 소비자들의 눈살을 찌푸리게 하는 현상이 나타나기 시작했습니다. 가장 눈에 띄었던 모습은 용산전자상가에 들어서면 한 걸음 옮길 때마다 점원들이 따라오며 붙잡는 '호객 행위'였습니다. 예를 들어 나진상가 입구에 들어서서 복도 양쪽에 쭉 늘어서 있는 컴퓨터 판매점을 바라보면, 매장 외관이 모두 비슷해서 소비자들은 어디에 눈을 둬야 할지 모르고 두리번거리게 마련입니다.

그러면 점원들은 앞다투어 "우리가 가장 싸게 판다"면서 매장으로 끌어들입니다. 이리저리 살피다가 결국 한 곳에 이끌려 들어가서 원하는 제품 가격을 문의합니다. 그러면 점원은 막상 원하는 제품을 보여 주지 않고 해당 제품은 '단종됐다'거나 '잠시 품절됐다'는 등 각종 핑계를 댑니다.

이어 다른 대체 제품을 슬쩍 권유합니다. 매장 입장에서 마진이 좋은 다른 품목으로 돌려 파는 이른바 '찍기' 방식 판매

출처: 다나와/다나와 회원 제공

기법입니다. 소비자에게 난감한 상황입니다. 다른 가게로 이동하기도 그렇고, 그렇다고 낯선 제품을 사기도 그런 상황에 처하는 것입니다.

용산전자상가의 두 번째 관행은 현금 거래였습니다. '○○% 할인'이라고 표기된 제품의 가격은 모두 현금 거래 기준이라고 설명합니다. 카드로 결제하면 수수료가 붙는다고 설명합니다. 비싼 수수료를 부담하면 발품을 판 노력이 아무런 소용이 없는 가격에 사야 하는 상황에 처하는 것입니다.

당시 용산전자상가를 찾는 고객은 현금으로 사면 싸게 살 수 있다는 기대가 있었습니다. 용산전자상가 하면 현금가가 떠오를 정도였습니다. PC제품 외에 다른 가전제품도 현금으로 사야 싸게 살 수 있다는 이미지가 강했습니다.

대부분 부가세를 포함하지 않는 대신 현금으로 결제하고, 꼭 필요한 상황에만 부가세를 더해 결제하는 것이 관행이었습니다. 그래서 한 푼이라도 저렴하게 사기 위해 사람들은 용산전자상가를 찾고, 현금을 조건으로 흥정을 하는 모습들도 여기저기서 목격됐습니다.

현금 거래는 거래 기록이 남지 않아 세금을 적게 낼 수 있었습니다. 즉 탈세 목적이 더 컸지만, 현금 거래를 해서 현금을 많이 확보하고 있으면 매입단가 협상에서도 우월한 입지를 차지할 수 있기 때문에 그때의 전자상가는 현금 거래가 대세였습니다.

다나와, 다 보여 줍니다

용산 유통정보, 다 보여 줍니다

다나와가 등장한 2000년은 시점이 참 절묘했습니다. 2000년
은 인터넷 대중화가 본격적으로 시작된 시점입니다. 닷컴 버
블이 꺼지면서 벤처 산업 열기가 잠시 식기는 했지만 인터넷
대중화로 인하여 PC와 PC 관련 모든 부품과 주변기기 수요가
폭발적으로 성장하는 시기였습니다.

　　문제는 앞서 소개한 대로 용산전자상가가 PC 유통 패권
을 쥐면서 판매자와 소비자 간 정보 비대칭이 심화된 것입니
다. 제품 수가 많은 데다 신제품도 매일 쏟아졌고, 가격도 일
정하지 않아 소비자들은 귀를 쫑긋 세우고 정보를 수집하고

분석하지 않으면 비싸게 살 수 있는 구조였습니다.

이런 상황에서 다나와가 혜성과 같이 나타나 용산전자상가에서 유통되는 PC 관련 제품과 가격정보를 투명하게 인터넷에 공개하자 소비자들이 쌍수를 들고 환영했습니다. 다나와는 모뎀으로 인터넷을 이용하는 사람이 많은 점을 감안해 이미지를 싹 빼고 데이터 위주로 만들었기에 빠르게 가격 검색을 원하는 사람들이 아주 좋아했습니다.

다나와가 PC 매니아와 PC 구매자 사이에서 인기를 끌자 다나와에 전화를 거는 용산 유통업체들이 계속 늘어났습니다. "다나와에 가격정보를 올리고 싶은데 어떻게 하면 되느냐"는 전화였습니다. 저는 입점을 원하는 업체에게 ID를 개설해 주고 알아서 제품과 가격정보를 입력하도록 안내했습니다.

다나와 이용자 수가 늘고 동시에 입점 업체도 증가하는 선순환이 자리를 잡았습니다. 용산전자상가가 다나와라는 온라인 공간으로 조금씩 이전되는 기분을 느꼈습니다. 다나와가 용산 유통생태계를 다 보여 주자는 전략이 구체화되어 간 것이지요.

다나와는 출범한 지 3년도 되지 않아 시장에서 '컴퓨터, PC는 다나와'라는 말이 쫙 퍼질 정도로 가격비교 서비스 시장

▶ 온라인견적
▶ 공지사항
▶ DaNaWa?
▶ 사용법
◆ 공동구매가이드
▶ 초보자가이드
　▶ 게임메니아..
　▶ 인터넷만을..
◆ 추천사이트
◆ 제조사 A/S센타
▶ 협력업체 모집
▶ System Consulting
▶ 용어설명
◆ 기사 모음

✎ E-mail

----Since 2000.4.10

즐겨찾기에 추가.

❖ 운영자

「한국무선인터넷서비스협의회」 출범 (다나와 회원사)
일일 방문자 1만 7천명 성원에 감사드립니다!
포탈사이트 웨피 (www.weppy.com) 컴퓨터 가격정보 LINK !
공동구매가이드 09 GUIDE (www.09guide.co.kr) 컨텐츠 제휴 !
상품평가가이드 E-VOICE (www.evoice.co.kr) 컨텐츠 제휴 !
PC를 조립하시려는 분은 사용법을 꼭 읽어 주세요!

❖ 추천상품

Monitor :
싱크마스터
170MP TFT
가격: 1,870,000원

VGA :
미디테크
GEFORCE2 MX
가격: 145,000원

메인보드 :
SK글로벌
60XM7E
가격: 171,000원

VGA :
야누스
GEFORCE2 GTS
가격: 320,000원

-- COMPUTER --

테크노마트

(주)다컴
위드컴퓨터
ICOMKOREA
(주)SAVAS

용산 나진

PC CAMP
우진정보
포비트
컴뱅크
리텔컴퓨터
모든컴퓨터
다이스정보
지오컴퓨터
2001씨엔씨
성원반도체
SAJAPC
루비시스템
DAUM PC
컴테크코리아
YESCOM
승진컴퓨터

2001년 다나와 홈페이지

에서 자리를 잡았습니다.

이처럼 다나와가 '용산전자상가＝다나와', 'PC＝다나와' 이미지를 확실하게 굳힐 수 있는 것은 실시간 판매가뿐만 아니라 용산전자상가의 거래 관행인 현금가까지 인터넷에 공개하는 등 소비자 편에서 정보 비대칭 문제를 해결하려는 노력 덕분이었습니다.

예를 들어 가격정보에 '현금가'로 표기하여 온라인상에서도 소비자들이 용산전자상가를 둘러보는 듯한 느낌을 구현했습니다. 소비자들이 최저가는 아니더라도 최소한 '얼마의 현금을 쥐고 나가면 어떤 아이템들을 살 수 있겠다'라는 판단을 하는 데 도움을 주려고 한 것입니다.

일부 유통업체의 협박

소비자들로부터 인기를 끄는 만큼과 비례하여 용산전자상가 업체들의 반발이 거세졌습니다. 개별 업체의 반발이기보다는 다나와의 투명성을 두려워하는 업체들이 상우회와 상가를 앞세워 일으킨 반발이었습니다.

용산전자상가 중에서 컴퓨터 부품 매장이 집중적으로 포진돼 있던 곳은 선인상가였습니다. 나진상가 일부와 전자랜드 일부, 전자타운, 터미널 전자쇼핑, 그리고 원효전자상가 일부 층에도 컴퓨터 부품 매장이 있었습니다.

다나와 창업 초기에는 상가에 입주한 유통업체 간 모임인 상우회도 다나와 성장 추이를 관망하는 듯했습니다. 이들은 다나와보다 먼저 등장한 에누리에도 별 영향을 받지 않았기에 '저러다 얼마 못 가서 접겠지' 하면서 다나와를 지켜봤던 것 같습니다.

하지만 매달 다나와 사이트 방문자와 페이지뷰가 늘어나고 다나와에 입점하는 상인들이 증가하자 태도를 바꾸기 시작했습니다. 다나와에 입점하지 않은 업주들이 삼삼오오 모여 다나와가 시장을 망치고 있다는 의견을 나누다가 결국 상우회를 앞세워 조직적으로 행동했습니다.

2001년 겨울 용산전자단지 상가진흥조합은 강원도 오크밸리 리조트에서 조합 임원 모임을 갖고, 그동안 상인들이 꾸준히 제기해 왔던 가격비교 사이트에 대한 문제점과 대응 방안에 대해 집중적으로 토론했습니다. 조합은 상거래 질서 확립 대책위원회를 구성하고 가격비교 사이트에 저가로 가격을 등재하는 업체에 대한 계도 작업에 나섰습니다.

대책위는 용산세무서에 민원을 제기해, 세무서가 다나와, 에누리, 오미 등의 대표자와 나진 등 용산상가 5개 상우회 대표자들을 한데 모았습니다. 대책위는 세금 이슈를 부각시켜 가격비교 업체와 가격비교 사이트 입점 업체들에게 압박을 가했습니다.

양측은 무자료 거래나 카드 결제 거부, 카드 수수료 별도 징수, 부가세 추가 징수 등 세법상 문제가 되는 부분을 시정해 나간다는 대원칙만 정하는 수준에서 합의를 보고 헤어졌습니다.

이후에도 각 상우회 차원에서 가격비교 사이트에 대한 대응 방안을 마련하느라 부단한 애를 썼지만, 대세를 거스르지는 못했습니다. 초기 일부 입점 업체들의 불법적인 행태가 있었지만, 가격비교 사이트 자체를 막는 것은 불가능했던 것이지요.

다나와 초기 있었던 또 다른 일화입니다. 용산전자상가의 일부 매장에 비치된 PC에서 다나와 사이트에 접속하지 못하는 모습이 포착됐습니다. 인터넷 브라우저에 다나와를 불량 사이트로 등록시켜 접속할 수 없도록 하거나, 특정 사이트를 띄워 놓고 아예 키보드와 마우스를 다른 곳으로 치워 버려 사이트 검색을 못하도록 한 것입니다.

소비자들이 매장에서 바로 다나와 사이트를 통해 최저가를 검색하고 가격 협상을 시도해 오면 상인들만 피곤해지기 때문입니다. 모바일 검색이 활발하지 않았던 때에나 통하던 '얄팍한 상술'이었습니다.

다나와 이전 소비자들은 전자상가에 나가 이 상점 저 상점을 기웃거리며 다리품을 팔며 품목마다 일일이 가격을 물어봐야 했지만, 다나와 출현 후에는 PC 앞에서 클릭만 하면 되는 소비자 지향적 서비스 시대가 열렸다고 볼 수 있습니다.

이전에 점원들은 고객에게 "얼마까지 알아보고 오셨어요?"라고 말하다가, 점점 "다나와 가격에 맞춰 드립니다"로 변했습니다.

다나와 출현 이전과 이후의 상인 멘트에서 다나와는 용산 전자 유통업계의 '디팩토 스탠더드(De facto Standard: 사실상의 표준)'로 자리 잡기 시작했음을 알 수 있습니다.

다나와 고유의 수익모델

첫해부터 흑자

저는 창업하고 나서 직원 월급을 미루거나 못 준 적이 한 번도 없습니다. 돈을 빌리러 다닌 적도 한 번도 없습니다. 운이 좋게도 창업하고 나서 얼마 가지 않아 확실한 매출을 올리기 시작했고 늘 매출이 성장하고 수익도 함께 성장한 덕분입니다.

출발점은 가격비교에 필요한 데이터를 유통업체에게 직접 입력하도록 만든 프로세스입니다. 사이트를 런칭하고 나서 다나와가 인기를 끌자 10여 개 업체가 사이트에 입점하고 싶다고 전화를 했습니다. 그래서 저는 다나와 사이트 계정을 만들어 업체에게 제공하고 직접 원하는 제품과 가격을 입력하도록 했습니다. 물론 수시로 가격도 원하는 대로 바꿀 수 있도록 했습니다.

그 다음은 유료화합니다. 입점 업체가 늘어나면서 업체 간 업데이트 경쟁이 생겼습니다. 더 많이 팔기 위해 가격을 내리기도 하고 신제품을 다른 업체보다 더 빨리 업로드하려는 경쟁이었습니다. 이런 경쟁을 보면서 저는 2000년 10월부터 유료 모델을 제시했습니다. 300개 이상 제품을 운영하는 업체에게 월 3만 원을 제시하였습니다. 업체 입장에서는 큰 부담이 되지 않는 입점료이었지만, 다나와 입장에서는 많이 입점할 수록 매출이 확실한 모델이었습니다.

유료 모델이 수월하게 작동하는 것을 보고 용산전자상가를 사이버 공간에 그대로 옮긴 사이버 전자상가를 꿈꾸기도 했습니다. 서버만 증설하여 관리비 개념의 사용료를 받고 결제기능까지 붙여 하나의 플랫폼을 구상하였던 것입니다.

유료 입점 모델이 자리를 잡고 난 다음에는 배너 광고 상품이 효자 노릇을 했습니다. 다나와 초창기 메뉴를 보면 컴퓨터 시장을 세분하여 카테고리를 운영하였습니다. 예를 들어 모니터 카테고리를 선택하면 모니터 관련 제품과 가격을 한눈에 보여 줬습니다. 유통업체 입장에서는 카테고리 메뉴의 상단 자리가 매력적인 광고 자리였습니다. 모니터를 구매하기 위해 모니터 가격비교 정보를 찾는 이용자에게 가장 눈에 잘 띄기 때문입니다.

컴퓨터 유통업체들이 다나와 카테고리에 광고하고 싶다고 요청을 해서 반갑기는 했지만 문제가 있었습니다. 초창기 다나와에 배너광고를 제작할 수 있는 디자이너를 고용할 여유가 없었습니다. 고민 끝에 광고 의뢰 업체에게 컴퓨터 잡지에 사용한 광고 이미지를 달라고 해서 그 이미지를 다나와 배너광고로 활용하였습니다. 이 선택은 대박이었습니다.

다나와 배너광고를 한 업체들은 매출이 크게 늘었고, 다나와의 통장에도 돈이 쌓이기 시작했습니다. 입점료는 박리다매형 수익이었는데, 배너광고는 단가가 높아 규모가 큰 수익이었습니다. 이 광고 상품은 나중에 'E형 광고'로 불리면서 다나와에게 중요한 수익원 역할을 꾸준히 했습니다.

현금 거래에 대한 고집

다나와의 온라인 영향력을 재빨리 포착한 업체들은 다나와 온라인 광고를 통해 매출 증대에 크게 재미를 봤습니다. 그러면서 눈치를 보던 다른 업체들도 다나와 온라인 광고 문의를 하기 시작했습니다. 그런데 광고영업 파트에서 일부 업체가 3~6개월 후에 결제하는 조건으로 광고를 하겠다는데 어떻게 하면 좋을지를 경영진에게 문의했습니다.

저는 그런 보고를 받고 1초도 고민하지 않고 "온라인 광고하고 싶으면 바로 광고비를 선입금하라고 하세요"라고 영업 파트에게 전했습니다. 그리고 한발 더 나아가 "용산업체들이 우리에게 광고를 해도 매출을 더 많이 올릴 수 있다고 생각하는 순간, 우리가 '갑'의 입장이 된다"면서 "애써서 광고를 따려고 용산전자상가를 돌아다니지 말라"고 지시했습니다. 자신감이 충만했던 것이지요.

물론 창업 초창기 현금 고수 원칙은 더 많은 매출을 올리는 데 걸림돌이었습니다. 돈을 좀 떼일 각오로 외상 거래를 수용했더라면 온라인 광고 매출을 부풀릴 수 있었습니다. 하지만 제가 더 큰 매출이라는 유혹을 뿌리치면서까지 현금 거래 원칙을 고집한 것은 청년 시절 집안 사업을 도우면서 보고 배운 현장 영업 경험 덕분입니다.

앞서 언급했듯이 대학교 1학년 때 휴학을 하고 집안의 연탄 배달업을 하면서 가장 안타깝게 생각한 것은 연탄을 어렵게 팔아놓고 돈을 떼이는 것이었습니다. 1980년대 연탄 유통은 그야말로 주먹구구식이면서 전근대적이었습니다. 거래처에서 전화로 주문을 하면, 그냥 배달해 주고 월말에 돈을 받으러 다니는 수금 활동을 별도로 하였습니다.

그러다 보니 중간에 수금 과정에서 돈을 떼먹는 곳도 있었고, 외상값을 제때 갚지 않는 곳도 수두룩했습니다. 영업을 잘해 놓고도 돈을 받지 못하면 아무 소용이 없다는 것을 그 당시에 가슴에 깊이 새겨 됐습니다.

제가 이 시기에 결정한 외상 거래 금지 원칙은 다나와 성장에 확실한 발판이 되었습니다. 이런 원칙 덕분에 다나와는 창업하고 나서 1년 만에 흑자를 냈고, 그 이후 단 한 번도 적자를 내지 않으면서 흑자 경영을 이어갔던 것입니다.

더욱이 매년 영업이익을 크게 내면서 회사 안에 자본 잉여금이 쌓였고, 그런 자금력에 힘입어 좋은 사람이다 싶으면 일단 영입해 충분한 시간을 주면서 능력을 발휘할 때까지 기다릴 수 있는 여유를 가질 수 있었습니다. 곳간의 힘이 곧 인재 영입력이었습니다.

종합 가격비교로 도약

가격비교 서비스, 우후죽순

가격비교 서비스는 인터넷 초창기부터 관심을 모았던 온라인 사업 분야입니다. 다만 인터넷 산업의 발전 흐름에 따라 가격 비교 서비스 경쟁 구도는 계속 변화를 겪었습니다. 특히 이커머스(전자상거래) 또는 온라인 쇼핑산업의 발달 흐름에 따라 서비스 내용과 업계 판도가 계속 바뀌었습니다.

가격비교 서비스 시장의 흐름을 간략히 정리하면 다음과 같습니다.

사이트	도메인	특징
에누리	enuri.com	-1998년 출범 -가전제품 가격비교 서비스로 출발 -종합 가격비교 서비스
다나와	danawa. co.kr	-2000년 출범 -컴퓨터업체 제공 부품 및 가격정보 제공
베스트 바이어	bb.co.kr	-1999년 출범 -삼성전자 출신 김용수 대표가 설립 -2004년 bestbuyer를 bb로 CI 변경
마이 마진	mymargin. com	-1998년 삼성SDI에서 분사한 마이디지털이 출시한 서 비스 -디지털 제품에서 출발해 종합 가격비교 서비스로 전 환
오미	omi.co.kr	-1999년 6월 출범 -컴퓨터·가전에서 패션잡화·유아용품에 이르기까지 각종 가격정보를 제공
야비스	yavis.com	-1999년 출범 -로봇 활용, 전세계 온라인 쇼핑정보 수집

    1998~2002년 사이 온라인 가격비교 서비스를 표방하는 웹사이트가 속속 등장하였습니다. 에누리, 오미, 베스트바이어, 마이마진 등 10여 개가 초기 가격비교 시장을 놓고 경쟁을 벌였습니다.

    이 시기 가격비교 서비스는 주로 온라인에서 판매되는 상품 가격정보를 인터넷에 체계적으로 수집하여 이용자들이 쉽게 검색하는 데 초점을 맞췄습니다. 가격정보 수집 대상은 대기업 계열 온라인 쇼핑몰을 비롯해 순수 온라인 쇼핑몰(인터파크), 중소 독립 쇼핑몰 등이었습니다.

2003~2007년 사이 가격비교 서비스는 호황을 누렸습니다. 속성상 온라인 쇼핑산업과 떼려야 뗄 수 없는 관계인데, 이 시기에 한국 온라인 쇼핑 시장이 급성장한 덕분입니다. 초고속 인터넷망이 전국에 쫙 깔리면서 국민들이 온라인에서 물건을 사고파는 데 익숙해지면서 가격비교 서비스 수요도 급증했습니다.

구체적으로 보면 미국 이베이가 옥션을 2001년 인수해 옥션을 오픈마켓 모델로 전환함으로써 이른바 '오픈마켓' 시장에 불을 붙였습니다. 오픈마켓은 자사가 통제하는 물건만 파는 인터파크와 같은 폐쇄형 온라인 쇼핑몰과 달리 누구나 온라인 유통을 할 수 있도록 각종 유통 인프라를 빌려주는 마켓플레이스를 뜻합니다.

인터파크에서 구영배 씨(현 Qoo10 CEO)가 사내 벤처 구스닥으로 시작했던 G마켓은 2003년 오픈마켓을 도입하면서 크게 성장하게 됩니다. 이후 옥션과 함께 국내 온라인쇼핑 시장의 중심축으로서 시장 규모를 크게 키웠습니다. 이 시기

웹호스팅으로 시작한 메이크샵, 카페24, 고도몰이 독립 쇼핑 업체에게 쇼핑몰 플랫폼을 빌려주는 사업을 성공시키면서 온라인 쇼핑몰 개수를 폭발적으로 증가시켰습니다.

오픈마켓 붐 덕분에 가격비교 사이트 트래픽이 가파른 곡선을 탔습니다. 아울러 가격비교 사이트가 온라인 쇼핑몰의 실적을 확실하게 올려 주는 창구가 되면서 이커머스 생태계에서 꼭 필요한 존재로 부상했습니다.

예를 들어 2003년 인터넷 대형 몰은 15% 수준, 중소형 쇼핑몰은 60% 수준에 가까운 매출을 가격비교 사이트를 통해 올린 것으로 조사됐습니다.

이처럼 가격비교 사이트가 돈이 된다는 인식이 퍼지면서 가격비교 시장 판도가 요동을 쳤습니다. 시장 포화라는 전문가 진단이 무색하게 잇따라 새로운 가격비교 서비스가 등장한 것입니다. 특히 네이버, 야후 등 기존 포털들이 가격비교 시장에 본격적으로 발을 디딘 것이 과열 분위기를 조성했습니다.

네이버 경우 2003년 초 에누리 인수를 추진하다가 서홍철 대표와 가격 협상에 실패하면서 그해 8월부터 가격비교 서비스를 준비하고 있다는 설이 계속 언론에 보도되었는데 결국 2003년 말부터 가전 및 컴퓨터 제품군을 중심으로 가격비교 서비스를 선보였습니다.

이 밖에 엠파스와 야후도 자체적으로 가격비교 시장에 뛰어들었고, 전 세계 온라인 쇼핑 정보를 수집해서 서비스하는 야비스를 인수한 플래너스도 가격비교 시장에 도전장을 던졌습니다. 가격비교 업체가 난립하면서 가격비교 사이트를 다시 비교해 주는 사이트(모사니)까지 등장할 정도였습니다.

가격비교 시장 크기가 커지고 경쟁도 치열해지자 업체들은 가격비교 대상 카테고리를 계속 확대하려고 애썼습니다. 또 가짜 온라인 쇼핑 정보로 인해 소비자 피해 사례가 늘어나면서 소비자 보호 제도를 도입하기도 했습니다.

컴퓨터 전문 가격비교만으로 1위

2003년 3월 디지털타임스는 다나와에 대해 적수가 없다고 평가했습니다. 당시 다나와가 방문자 수, 유니크 비지터(Unique Visitor) 등 각종 지표에서 에누리, 오미 등 다른 가격비교 사이트를 크게 앞질렀습니다. 그런 지표를 바탕으로 가격비교 사이트 중에서 발군이라고 평가한 것입니다.

디지털타임스가 주목한 점은 다나와가 전자제품 및 부품 가격정보만 제공하면서도 전 제품의 가격정보를 제공하는 경쟁업체보다 앞선 점입니다. 이 관점은 2000~2003년 사이 다나와의 강점을 잘 포착한 듯합니다.

"놀라운 점은 다나와는 현재 전자제품 및 부품 가격정보만 제공하고 있는 데 비해 다나와의 경쟁업체들은 생필품·가전제품·의류 등 시중에서 판매되고 있는 거의 전 제품의 가격정보를 제공한다는 것이다."

(디지털타임스 2003년 3월 31일 문대영 기자)

다나와는 초기 에누리, 오미 등 경쟁자에 비해 확실한 차별점을 지니고 있었습니다. 첫째, 컴퓨터라는 확실한 한 분야를 서비스 대상으로 삼았습니다. 다나와 외 업체들은 대부분 가전제품, 디지털카메라 등 범용 제품부터 가격비교 대상으로 삼았습니다. 컴퓨터는 고가이면서 다양한 부품과 주변기기와 연결됨으로써 전후방 연관 분야가 많은 카테고리입니다. 이에 비해 가전 등 일반 범용 제품은 가격 외에는 전후방 연관 분야가 극히 적은 카테고리입니다.

둘째, 다나와는 온라인 쇼핑몰이 아니라 오프라인 유통업체를 소비자에게 이어 주는 역할을 했습니다. 다나와 파트너인 유통업체는 오프라인에서 탄탄하게 자리를 잡고 있기에 마케팅 비용을 사용할 수 있는 여유가 있었습니다. 따라서 다나와는 출범할 때부터 확실하게 돈을 버는 수익모델을 확보하였습니다. 다른 업체들은 투자받은 돈으로 적자를 보충하면서 사용자 수를 늘리는 데 애를 썼기에 다른 여유를 갖지 못했습니다.

셋째, 가격비교 서비스에 커뮤니티와 뉴스콘텐츠를 더하면서 버티컬 사이트* 특성을 띠었습니다. 특히 컴퓨터 매니아와 잠재적 컴퓨터 구매자들이 가장 먼저 찾고 오랫동안 머무는 컴퓨터 분야 최강의 버티컬 사이트로 자리를 잡았습니다.

---

* 인터넷 대중화 초기에 다양한 분야와 기능을 제공하는 포털서비스가 인기를 끄는 가운데, 한 분야를 집중적으로 다루는 사이트가 등장하면서 버티컬 사이트 또는 버티컬 서비스라는 카테고리가 자리를 잡았다. 이후 특정 분야 뉴스 생산과 유통에 집중하거나, 특정 카테고리 제품을 전문적으로 유통하는 버티컬 서비스가 온라인 비즈니스 모델로 자리를 잡았다.

컴퓨터 버티컬 사이트 최강자

초창기 다나와 사이트 메인 화면을 보면 자유게시판 메뉴가 눈에 띕니다. 자연스럽게 사용자가 질문을 올리면 다나와 직원들은 가능한 한 빠른 시간 안에 궁금한 점을 풀어 드리려고 애를 썼습니다. 그러다 보니 다나와에서 가격비교 정보 외에 가장 인기 높은 메뉴 자리에 자유게시판이 차지했습니다.

또 게시판에는 PC 매니아들이 적극적으로 참여해 다른 사용자의 질문에 답을 해 줌으로써 게시판은 다나와 커뮤니티 성격을 띠기 시작했습니다. PC의 경우 구성 부품이 워낙 다양하고 PC 사용 환경 또한 경우의 수가 많아서 제조 회사도 답변하기 어려운 질문이 많았습니다. 그런데 이미 많은 것을 경험한 매니아들은 이용자의 가려운 곳을 바로 긁어 줄 수 있었습니다.

다나와의 자유게시판에서 출발한 커뮤니티는 오늘날 다나와를 있게 만든 원동력 중의 하나라고 해도 과언이 아닙니다. 소비자들은 어떤 시대에서도 원하는 제품을 구매할 때 신뢰할 만한 지인의 추천을 가장 믿는 경향이 있습니다. 어쩌면 소비자들이 가장 불신하는 정보가 오히려 업체에서 제공하는 정보일 것입니다. 제품을 과장해서 광고하거나, 실제 원가보다 비싸게 판매할 수도 있다는 불신을 깔고 업체가 제공한 정보를 보는 것입니다. 이에 비해 친구가 제품을 구매해 본 경험을 바탕으로 공유하는 정보는 거의 무조건 신뢰하기 마련입니다.

인터넷 초창기에 자유게시판은 소비자끼리 서로 공유하는 정보마당 역할을 하면서 구매자들이 가장 많이 이용하는 코너가 됐습니다. 오프라인에서 구매에 도움을 받을 수 있는 친구 숫자는 제한적입니다. 하지만 인터넷에서는 불특정 다수가 수시로 구매 도우미가 될 수 있습니다.

가끔 컴퓨터 매니아 또는 컴퓨터 고수가 자신의 실력을 자랑하기 위해 자유게시판에 올라오는 문의에 대해 아주 깊이 있게 답변을 달아주곤 합니다. 아무런 보상이 없어도 자신의 ID가 좋은 평판을 받는 것에 쾌감을 느끼며 정보 도우미 역할을 기꺼이 자임하는 것이지요.

다나와의 도약 시기에 PC통신은 이미 저물었기에, 컴퓨터 관련 게시판 커뮤니티는 다나와가 단연 돋보였습니다. 커뮤니티에서 생성되고 유통되는 콘텐츠도 다양했습니다. 얼리어답터의 제품 리뷰기, 조립PC 부품 구성 노하우와 세부 부품 가격정보, 유사 제품의 비교 분석기 등 하나하나 사용자와 예비 구매자에게는 유용한 알짜 정보들이었습니다.

또 제품을 구입해 사용하다가 막히면 즉각 게시판에 올려 문제 해법을 구하고, 고수들이 그런 질의에 답변하는 문답형 콘텐츠가 인기를 끌었습니다. 다나와의 자유게시판에서 시작된 커뮤니티는 블로그 시대에 블로그 포맷을 수용하기도 하면서 계속 진화했습니다.

뉴스 콘텐츠를 더하다

회사에 출근해서 모니터 앞에 앉으면 시간 날 때마다 다나와 자유게시판을 꼼꼼히 둘러봤습니다. 그러다 보니 흥미로운 점이 하나 눈에 띄었습니다. PC 관련 질문이나 답변 외에 PC 잡지, 전자 전문 일간지, 경제지와 종합지의 IT 콘텐츠 등 뉴스 콘텐츠를 올린 게시물의 조회 수가 꽤 높았습니다.

누군가 최신 제품 뉴스를 게시판에 올리면 게시판 이용자 다수가 이 글을 조회했습니다. 컴퓨터 등 디지털 기기에 관심이 많은 소비자들의 특성을 잘 보여 주는 현상이었습니다.

저는 커뮤니티 활성화를 위해 여러 매체에서 생산한 외부 콘텐츠를 다나와에서 공급하는 방안을 떠올렸습니다.

2000년대 초반 PC통신에서 활동하던 동호회가 인터넷으로 막 이동하고 있었습니다. 또 디시인사이드를 비롯해 SLR클럽(디지털카메라), 게임 루리웹(게임 커뮤니티), 보배드림(자동차), 웃긴대학(유머 커뮤니티) 등 커뮤니티를 표방한 사이트들도 속속 등장했습니다.

다나와와 연관성이 높은 하드웨어 전문 벤치마크 사이트도 활발했습니다. IT 종합 벤치마크 사이트인 케이벤치를 비롯해 디스플레이 전문 포털인 모니터포유, PC 하드웨어 부문의 보드나라가 활동했으며 베타뉴스, 브레인박스, 테크노아, 피씨비 등도 이 무렵에 두각을 나타냈습니다.

저는 2001년 하반기부터는 브레인박스를 필두로 테크노아, 노트기어, 디비나와 등과 잇따라 기사 제휴를 체결하고 각종 리뷰나 벤치마크 기사 등을 다나와 사이트에 노출하기 시작했습니다. 간단한 제품과 가격정보가 뼈대라면 뉴스 및 정보 콘텐츠는 살을 붙이고 피를 돌게 하는 역할을 했습니다.

다나와의 콘텐츠 제휴 방식은 상생 방식이었습니다. 다나와가 필요로 하는 영역의 콘텐츠에 대해서는 콘텐츠 생산

비용을 직접 지불하기도 하는가 하면, 트래픽을 필요로 하는 제휴사에게는 아웃링크 방식으로 콘텐츠를 게재해 트래픽을 몰아주었습니다.

컴퓨터 외 다른 분야 콘텐츠 제휴도 확대했습니다. 자동차 부문에서는 글로벌오토뉴스, 스트라다 등과 콘텐츠 사용 계약을 맺었습니다. 게임 전문 게임샷, 카메라 전문 디아이진, 디스플레이 전문 모니터포유 등과 잇따라 콘텐츠 사용에 관한 제휴를 맺었습니다.

수입 자동차 전문지인 스트라다의 콘텐츠 사용료는 당시 기준으로도 꽤 비쌌습니다. 하지만 남성이 많은 사이트 특성상 자동차 콘텐츠의 인기가 높다고 보고 과감하게 자동차 콘텐츠 확보에 투자를 했습니다. 이 모든 것이 유입된 유저들에게 볼거리를 제공해 주자는 취지였습니다.

다나와 사이트가 뼈대와 살이 조화를 이루면서 이용자들의 체류 시간도 늘어났습니다. 구매 정보 외에 다양한 읽을거리, 볼거리를 제공하면서 충성도가 더 높아진 것입니다. 이 점에 고무되어 저는 콘텐츠 활용도를 더 높이기 위해 자체 콘텐츠 제작 능력을 갖추면 좋겠다는 생각을 했습니다.

아마도 가격비교 사이트 중에서 콘텐츠에 대한 투자는

다나와가 가장 많이 한 것 같습니다. 케이벤치 출신 이관헌 씨가 2004년 3월에 합류해서 PC, 노트북, 게임, 카메라, 자동차 등 부문별로 기자를 채용해 정보팀을 꾸렸습니다. 이어 2005년 2월 박영하 씨가 전자신문에서 다나와에 합류해 정보팀을 맡아 자체 콘텐츠 생산 능력을 계속 키워 나중에 미디어잇이라는 별도 매체를 꾸리기도 했습니다.

콘텐츠에 대한 저의 지향점은 미국의 컨슈머리포트 모델이었습니다. 광고주 영향을 받지 않고 제품을 객관적으로 분석하여 소비자들이 제품의 장단점을 정확하게 판단할 수 있는 콘텐츠를 만들자는 것이었습니다.

다나와, 종합 가격비교 서비스 시작

저는 2003~2004년 사이 다나와의 향후 진로를 놓고 고민을 많이 했습니다. 다나와는 출범한 지 3년 만에 용산전자상가 유통망을 꽉 잡고 컴퓨터 및 컴퓨터 관련 카테고리에서 다나와의 브랜드 파워와 수익모델을 확실하게 정립하였습니다. 매년 매출과 영업이익이 크게 증가하면서 성장세도 좋았습니다.

하지만 한편으로 불안감이 엄습해 왔습니다. 네이버, 다음과 같은 대형 포털 사이트가 검색 시장 독과점을 바탕으로 가격비교 서비스 시장을 넘보기 시작한 점이 큰 위협이었습니다. 사람들이 뭔가 필요하면 검색엔진에 원하는 키워드부터 입력하는 시대가 도래했기에 가격비교 수요가 검색엔진에 몰리면 다나와가 설 자리가 있겠느냐는 두려움이었습니다.

동종 업계 내부를 봐도 불안했습니다. 특히 종합 가격비교 시장의 선발주자 격인 에누리가 가전제품 중심이던 비교 대상 품목을 크게 확대하면서 인터넷에서 유통되는 제품 카테고리를 계속 확대해 갔습니다. 종합 가격비교 서비스에서 다나와보다 앞서 달려 나갔습니다.

또 2000년대 초반 에누리와 함께 가격비교 서비스 시장을 놓고 경쟁하던 베스트바이, 오미, 마이마진 등 가격비교 업체들이 쇠퇴하면서 에누리의 시장 점유율이 높아지고 있기도 했습니다.

다나와 이용자들 중에도 컴퓨터 외 가전과 디지털 제품에 대한 가격정보를 요구하는 소비자들이 늘어나고 있었습니다. 특히 전통 가전제품도 디지털화되어 LCD TV, DVD 플레이어, MP3 플레이어 등 신기술 제품이 쏟아지면서 이들 제품에 대한 정보 수요도 함께 급증하고 있었지요.

저는 다나와 임직원과 머리를 맞대고 새로운 시장 수요에 대한 대응 전략을 마련하고자 애썼습니다. 2000년 창업 때 생각했던 아이디어를 실제 구현하면서 착실하게 성장했지만, PC 중심 컴퓨터 카테고리 안에서만 활동해서는 성장이 한계에 부딪힐 것이라는 절박함이 가슴 한구석에 자리 잡고 있었습니다.

그런 고민 끝에 는 2004년 12월 가전제품부터 가격비교 영역을 확대하기로 했습니다. 이어서 2005년에도 가격비교 카테고리를 계속 추가하면서 종합 가격비교 사이트로 변신하는 것을 꾀했습니다.

하지만 종합 가격비교 사이트로 확대 발전하는 일은 결코 쉽지 않았습니다. 컴퓨터 분야의 경우 처음부터 용산전자상가 유통업체와 윈윈 관계를 맺어 가격정보를 쉽게 얻었으며, 수시로 변하는 제품과 가격정보를 가장 빨리 업데이트할 수 있는 시스템을 갖췄습니다.

그런데 종합 가격비교 서비스를 제공하려면 대형 오픈마켓과 손을 잡는 것이 핵심이었습니다. 대형 쇼핑몰이 다루는 제품은 가짓수도 많고, 가격도 수시로 변하기 때문에 대용량 데이터베이스를 잘 구축하고, 실시간으로 변하는 정보를 즉시 반영하는 시스템을 갖춰야 했습니다.

잘하는 것을 잘 지키면서 또 새로운 영역에서도 경쟁력을 갖춰야 하는 도전이었습니다. 더욱이 종합 가격비교 서비스 영역에서는 후발주자여서 이용자의 머릿속에 다나와가 컴퓨터와 디지털 제품 외에 모든 것을 진짜 다 보여 준다는 인식을 심어야 하는 과제를 새로 안았습니다.

종합 가격비교 서비스로 진화하는 것은 선두주자 에누리와의 경쟁을 피할 수 없는 선택이기도 했습니다. 다행히 2003~2007년 사이 한국의 이커머스 시장이 폭발적으로 성장하면서 다나와의 변신은 나름대로 성공적이었습니다. 물론 종합 가격비교의 선두인 에누리도 이커머스 시장의 성장 덕을 톡톡히 보면서 거래액 기준으로 다나와를 계속 앞질러 나갔습니다.

코스닥 상장에서 얻은 교훈

다나와에 대한 외부 시각

2000년에 시작해 2010년까지 10년 동안 정말 재미있게, 신나게 일했습니다. 매출과 영업이익이 꾸준히 매년 늘었습니다. 한 해도 거르지 않고 계속 성장만 하다 보니 회사 계좌에 자본 유보금도 계속 쌓여 갔습니다. 이를테면 2009년 실적을 보면 매출 170억 원에 영업이익이 61억 원에 이르렀습니다. 회사에 통장에 쌓인 현금도 100억 원일 정도로 재정이 탄탄했습니다.

저는 2010년쯤 기업공개를 할 시점이라고 판단했습니다. 하지만 2008년에 세계 금융 위기가 발생하여 전 세계가 경기 침체를 겪던 시기여서 기업공개 환경은 그리 좋지 않았습니다. 더욱이 순수 인터넷기업이 기업공개한 사례도 2009년 네오위즈벅스 이후 맥이 끊긴 상태였습니다.

저는 다나와 특유의 확실한 수익모델을 갖고 있고, 종합가격비교 시장에서도 착실하게 성장하고 있어 다나와는 투자 시장에서 좋은 평가를 받을 것이라고 자신하였습니다. 따라서 2008년에 다나와에 합류한 안징현 CFO에게 기업공개 절차를 맡겼습니다.

2010년 10월 한국투자증권을 주간사로 정하여 코스닥 예비심사를 신청하였습니다. 막상 코스닥 등록을 위한 절차를 밟으면서 예상치 못한 여러 난관을 만났습니다. 심사위원들은 다나와의 독창성을 인정하면서도 변화가 심한 인터넷 생태계에서 성장세를 지속할 수 있을 것인가에 대해 의문을 표시하였습니다.

일부 심사위원은 인터넷 검색엔진의 최강자로 자리를 잡은 네이버가 결국 가격비교 서비스 시장도 다 잡아먹을 것인데, 다나와가 네이버의 공세에 어떻게 살아남을 것이냐고 질문했습니다. 실제 네이버는 2000년대 중반 검색 시장에서 야후, 엠파스, 다음을 차례로 꺾고 나서 검색엔진 경쟁력을 무기

삼아 부동산 정보, 온라인 쇼핑 등 인터넷 산업의 여러 카테고리를 삼키고 있었습니다. 네이버가 손을 대면 중소 인터넷 업체가 개척한 인터넷 사업은 망한다는 것이 업계의 정설이었습니다.

심사위원들은 또 종합 가격비교 서비스의 강자 에누리와의 차별성에 대해서도 꼬치꼬치 캐물었습니다. 다나와는 컴퓨터 등 디지털 제품에서만 경쟁력을 갖고 있어 확장성에서 에누리에 뒤지지 않느냐는 시각이었습니다.

코스닥 상장을 위한 심사 과정에서 다나와의 숨은 경쟁력을 외부에 설명하는 일이 쉽지 않다는 것을 뼈저리게 깨달았습니다. 컴퓨터 매니아와 컴퓨터 유통업계는 다나와가 어떤 존재인지, 다나와가 얼마나 유통에서 중요한지를 잘 알고 있으나 그 세계 밖에 있는 사람들은 다나와의 파워와 가치를 실감하기 어려웠던 것입니다.

그러나 코스닥 심사 과정은 다나와를 제3자의 시각에서 바라볼 수 있게 한 좋은 계기였습니다. 심사위원들이 제기한 의문과 걱정을 청취하고 그에 대한 답변을 준비하는 과정에서 인터넷 산업계에서 다나와가 지향해야 할 바가 무엇인지를 되돌아보았습니다.

언론의 스포트라이트

2010년 12월에 코스닥 상장 승인을 받았습니다. 2011년 1월 24일 드디어 코스닥에서 주식이 거래되면서 다나와는 코스닥 의 당당한 일원이 됐습니다. 첫날 주가도 공모가의 2배에 이 르는 등 투자시장의 관심을 받았습니다.

코스닥 상장은 스타트업에게는 큰 의미를 주는 이벤트입 니다. 무에서 시작해 시장에서 나름대로 자리를 잡았음을 뜻 합니다. 또 투자 가치가 있는 기업으로서 일반 투자가 사이에 서 인정을 받는 의미도 지니고 있습니다. 특히 기존 자본 유보 금 외에 주식공개를 통해 새로운 여유 자금을 확보하여 인재 채용과 기술 투자에 한층 더 여유를 지니게 됐습니다.

다나와가 코스닥에 등장하자 언론도 다나와 상장 소식을 비중 있게 다뤘습니다.

아시아경제는 "지난해에는 170억 원을 매출해 55억 1743만 원의 순이익을 냈다. 이 정도면 기존에 상장돼 있는 온라인 쇼핑 사이트 디앤샵이 지난해 240억 원을 매출해 100 억 원의 순손실을 기록한 것과 비교되는 실적이다. 온라인 쇼 핑의 대표 주자 인터파크도 무시 못 할 상황이다. 인터파크가 지난해 이후 적자에 시달리고 있는 것과도 비교된다"고 보도했습니다(2010년 12월 7일 백종민 기자). 이데일리는 "인터넷을 사업 인프라로 활용하는 닷컴기업으로서는 지난해 10월 6일 상장한 네오위즈벅스 이후 1년 2개월 만"이라면서 다나와의 상장 의미를 좋게 해석했습니다(2010년 12월 9일 박원익 기자).

당시 투자시장 분위기가 순수 인터넷기업의 가치를 높게 평가하지 않았기 때문에 온라인에 뿌리를 둔 다나와의 상장 가치를 높게 평가했습니다.

2011년 1월 24일부터 다나와 주식 거래가 시작되자 언론사들이 앞다투어 다나와를 소개하는 기사를 게재했습니다. 이때 경영과 마케팅을 총괄했던 손윤환 대표가 인터뷰에 나서 다나와 상장의 의미와 비전을 잘 소개했습니다.

손윤환 대표가 당시 인터뷰에서 반복해서 강조한 비전은 '종합 쇼핑 포털'이었습니다. 온라인에서 물건을 구매하고 싶으면 다나와를 먼저 떠올리고 다나와에 접속하도록 쇼핑 이용자가 필요로 하는 요소를 모두 갖추겠다는 계획이었습니다. 컴퓨터 관련 정보만 다 나오는 사이트에서 모든 제품 정보가 다 나오는 사이트가 되겠다고 선언한 것입니다.

2011년 1월 24일 코스닥 상장 기념식, (가운데) 필자, (오른쪽) 손윤환 대표

저도 가끔 언론의 인터뷰 요청에 응하면서 다나와 상장 이후 비전을 언급하곤 했습니다. 한 인터뷰에서는 "항상 답은 소비자에게 있다"며 "소비자가 주축이 되어 이끌어 온 만큼 다나와를 한국판 '컨슈머 리포트'로 키워 나갈 것"이라고 말했던 것 같습니다.

TV광고, 윤계상 모델

코스닥 상장을 통해 새로이 200억여 원에 이르는 자금이 회사 계좌에 들어왔습니다. 상장 전에도 현금 보유액이 140억 원 정도였는데 새로운 현금이 추가되면서 투자 여력이 더 커졌습니다. 새로운 서비스를 기획하거나 시너지를 낼 만한 업체를 인수하는 방안 등 투자처를 다양하게 찾았습니다.

그러면서 다나와를 일반 소비자들에게 널리 알려야 한다는 의견을 고려해 TV 광고를 기획했습니다. 상장 전까지 다나와는 한 번도 신문이나 TV에 상업 광고를 하지 않았습니다. 반면 에누리와 어바웃은 유명 연예인이 출연하는 광고를 제작해 대중 인지도를 높이는 데 힘을 쏟고 있었습니다. 어바웃

(about.co.kr)은 옥션과 G마켓을 보유한 이베이코리아가 가격비교 서비스를 표방하면서 2010년 7월 오픈한 서비스입니다. 2부에서 어바웃 스토리를 자세히 소개하겠습니다.

어바웃이 2010년 9월에 공개한 극장용 광고의 경우, 인기 개그맨 유세윤이 어바웃 '최저가 파이터'로 변신하여 시종일관 빵빵 터지는 폭소를 유발하였습니다. 유세윤은 산발이 된 더벅머리에, '어바웃'이 큼지막하게 쓰인 복싱 가운을 걸치고 정신없이 뛰어다니며 최대 8% 저렴하게 구입할 수 있는 어바웃으로 쇼핑의 승리자가 되어야 한다는 메시지를 전파하며 쇼핑하는 사람들을 방해합니다. 마지막 장면에서 "최저가는 비싸다 8% 더 어바웃으로 승리하세요"라고 마무리합니다.

다나와는 2011년 9월쯤 당시 최고 인기를 누리던 윤계상 씨를 모델로 발탁해 광고를 촬영하였습니다. 콘셉트는 남자를 잘 아는 가격비교 사이트 다나와였습니다. GOD 출신 가수 겸 배우인 윤계상 씨는 시트콤 〈하이킥 3〉에 출연해 인기몰이를 하고 있었습니다.

윤계상 씨는 또 영화 〈풍산개〉에서는 강인한 남성의 이미지를, 〈최고의 사랑〉에서는 자상한 남성의 이미지를 고루 내비치며 남성의 여러 면을 잘 표현하는 배우였습니다. 두 편의 광고를 촬영하였는데 첫 번째 편은 자동차 운전 중 사고 난 차 앞에서 애를 태우는 여성에게 다가가 차를 고쳐 주는 장면입니다.

윤계상 씨가 고장난 자동차에 하이킥을 날리는 여성에게 다가가 차를 고쳐 주는 장면 곳곳에 착용한 의류, 카메라, 스마트폰 등 당시 젊은 세대가 즐겨 구입하는 제품을 삽입하여 가격비교 이미지를 입혔습니다. 두 번째 광고는 윤계상 씨가 여자친구를 자신의 방으로 초대하는 스토리입니다. 윤계상 씨의 방을 카메라가 따라가면서 태블릿, TV, 화장품 등 가격비교 대상 아이템을 노출시켰습니다.

안타까운 점은 당시 광고 예산을 빡빡하게 책정했기에 케이블방송에 광고를 내보낸 기간이 짧았습니다. 지금 생각해 보면 광고를 하다가 만 느낌입니다. 윤계상 씨는 2017년 영화 〈범죄도시〉에서 장첸으로 열연해 배우로서 큰 성공을 거뒀습니다. 나중에 윤계상 씨가 명품배우 반열에 오른 것을 보면서 아쉬운 마음이 좀 들기도 했습니다.

다나와의 코스닥 상장은 성장 과정에서 하나의 분기점이었습니다. 상장을 통해 일반 투자가와 언론의 관심을 많이 받으면서 대중 인지도가 높아졌습니다. 또 아쉽기는 해도 TV광고를 통해 다나와를 일반 소비자에게 알리고 소통하는 경험도 했습니다.

하지만 코스닥 상장의 달콤함은 그리 오래가지 않았습니다.

2부
온라인 쇼핑업계의 히든 챔피언

창사 이후 최대 위기

살다 보니 좋은 일이 있으면 또 그렇지 못한 일도 함께 따르는 것을 느끼곤 합니다. 우선 주가가 몇달 못가서 공모가 아래로 떨어지면서 언론으로부터 뭇매를 맞기 시작했습니다. 상장 이후 가진 언론 인터뷰에서 호기롭게 쇼핑 포털이라는 비전을 외쳤지만 2011년부터 성장세가 둔화되기 시작했습니다.

창사 이래 매년 고속 성장하면서 한 번도 겪어 보지 못한 이른바 '게걸음' 성장의 늪에 빠진 것입니다. 2011년부터 2015년까지 매출액도, 영업이익도 제자리에 머물러 하루하루 답답함 속에서 지냈습니다.

위기는 세 갈래 방향에서 동시에 닥쳤습니다. 가장 큰 악재는 국내 부동의 검색포털 1위인 네이버와 오픈마켓 강자인

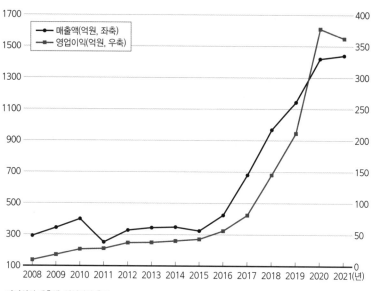

다나와의 매출액, 영업이익 추이

이베이코리아의 갈등에서 나왔습니다. 두 거인이 온라인 쇼핑시장 패권을 놓고 치고받으면서 가격비교 서비스 시장이 요동을 쳤던 것입니다.

두 번째 악재는 가격비교 서비스에서 늘 에누리 뒷자리를 차지하는 만년 2등이라는 지위와 관련된 것입니다. 언론과 투자가들은 가격비교 시장에서 다나와를 늘 에누리와 비교했습니다. 다나와가 아무리 디지털 제품 가격비교에서 확실하게 우위를 차지하고 이익률이 좋아도 종합 가격비교 시장에서는 에누리에 미치지 못한다는 식이었지요.

다나와가 에누리를 추월하기 위해 종합 가격비교에 투자를 꽤 많이 했지만 선두주자를 단기간에 따라잡기는 쉽지 않았습니다. 그런 상황에서 사모펀드가 에누리를 인수하더니 과감한 투자로 대변신을 추구했습니다.

이런 흐름에 PC 시장마저 포화상태에 빠지면서 고속 성장을 멈춘 것도 컴퓨터 분야 가격비교의 강자인 다나와에게는 악재로 작용했습니다.

네이버 VS 이베이코리아 갈등의 나비효과

다나와가 종합 가격비교 시장에 진출한 이후 옥션과 G마켓을 보유한 이베이코리아는 늘 다나와의 든든한 파트너였습니다. 예를 들어 다나와는 G마켓의 제품과 가격 데이터를 받아서 소비자들이 원하는 제품과 가격을 한눈에 보도록 서비스했습니다.

소비자들이 원하는 제품을 클릭하여 G마켓으로 이동하도록 하고 구매가 이뤄지면 일정 수수료를 다나와가 꼬박꼬박 받았습니다. 양쪽 모두 불만이 없는, 누이 좋고 매부 좋은 윈윈(win-win) 모델입니다.

그런데 이베이코리아가 2010년 7월 다나와와 같은 가격비교 서비스를 표방하는 어바웃을 런칭하였습니다. 이베이코리아 뒤를 이어 2011년 SK플래닛이 운영하는 11번가도 바스켓이라는 가격비교 서비스를 출시하였습니다. 온라인 쇼핑업계에서 이베이코리아가 가격비교 서비스를 준비하고 있다는 소문이 돌기는 했지만 그렇게 빠르게 준비하리라고는 예상치 못했기에 몹시 당황했습니다.

앞뒤 사정을 들어 보니 이베이코리아는 2009년부터 내부에서 자체 가격비교 서비스를 론칭하기로 결정하고 NHN 출신인 여민수 전 카카오 대표를 영입했다고 합니다. 여 대표는 NHN에 8년간 근무하면서 인터넷 광고의 실무부터 총괄 업무까지 두루 경험한 데다, 온라인 유통 분야 전문가로도 명성이 자자했습니다. 여 대표는 이베이코리아에 합류해 9개월 만에 어바웃 서비스를 선보였습니다.

이베이코리아가 어바웃을 만든 것은 생각보다 큰 이슈였습니다. 처음에 이베이코리아가 네이버에 주는 수수료를 깎아 자사의 영업 이익률을 올리려는 의도로 생각했습니다. 하지만 양측의 갈등이 흘러가는 양상을 보니 어바웃은 두 회사가 온라인 쇼핑업계에서 벌인 패권 싸움의 일부였습니다.

네이버와 이베이코리아는 2009년까지 서로 좋은 관계를 맺고 있었습니다. 미국계 이베이코리아는 2001년 경매 사이트로 출발한 옥션을 인수해 오픈마켓 플랫폼을 지향하면서 국내 온라인 쇼핑시장을 키웠습니다.

오픈마켓 플랫폼은 결제, 상품관리, 고객관리, 마케팅 등 온라인 쇼핑몰 운영에 필요한 솔루션을 입점 업체에 일체 빌려주는 모델입니다. 오픈마켓 플랫폼업체는 온라인 쇼핑 사업을 원하는 업체나 개인에게 무료로 빌려주고 대신 판매액의 일부를 수수료로 받아 수익을 올립니다.

오픈마켓 시대가 열리자 가격비교 서비스와 온라인쇼핑 생태계는 서로 윈윈 관계로서 동반 성장하였습니다. 오픈마켓은 외부에서 많은 사람이 찾아와야 하고, 그렇게 하려면 가격비교 서비스에 많이 노출되어야 하기 때문입니다.

오픈마켓인 옥션과 G마켓은 다나와, 에누리 등 가격비교 전문 사이트와 네이버의 지식쇼핑 서비스를 파트너로 삼아 고속 성장했습니다. 그런데 이베이코리아가 2009년 G마켓을 인수하면서 국내 오픈마켓 시장의 70%가량을 차지하는 초거대 쇼핑몰 보유회사가 되었습니다.

이베이코리아는 막강한 과점력을 바탕으로 다나와, 에누리, 오미 등 가격비교 전문 업체에 수수료 인하를 요구해 관철했습니다. 또 이베이코리아는 재주는 곰이 부리고 돈은 사람이 버는 것이리고 판단하고 네이버에도 수수료 인하를 요구했습니다.

네이버가 그런 요구를 거절하자, G마켓과 옥션은 네이버에서 자사의 가격정보를 제외시키는 초강수를 두었습니다. 이베이코리아가 네이버에 맞선 시점이 2011년 1월이었습니다. 이베이코리아가 2010년 10월에 어바웃을 론칭한 것은 결국 네이버의 쇼핑검색 수요를 어바웃으로 대체하려는 의도였습니다.

이베이코리아의 공세에 가만히 있을 네이버가 아니었습니다. 네이버는 2012년 2월 옥션과 G마켓과 같은 오픈마켓 플랫폼인 샵N을 출범시키면서 이베이코리아를 몰아붙였습니다. 네이버의 오픈마켓 진출은 파장이 컸습니다. 검색시장의 절대적 강자가 유리한 싸움일 가능성이 높아 보였습니다.

이베리코리아와 네이버가 서로 대결하는 구도는 코스닥 상장 이후 새로운 성장 모멘텀을 찾아야 했던 다나와에게는 악재로 작용했습니다. 그야말로 고래싸움에 새우 등 터지는 상황이었습니다.

저는 혹시 이베이코리아가 어바웃을 키우기 위해 다나와와의 제휴를 중단할까 봐 몹시 걱정하였습니다. 다행히 이베이코리아는 다나와와의 제휴 관계를 유지했습니다. 아마도 제휴를 끊기에는 이미 가격비교 전문 사이트가 그들의 매출에 기여하는 공헌이 너무 커져 있었기 때문이 아니었나 싶습니다.

하지만 어바웃은 중소 쇼핑몰, 소호몰 등 독립 쇼핑몰에 수수료 제로 정책을 제시하여 다나와 시장을 상당히 잠식했습니다. 코스닥에 입성하고 나서 본격적으로 성장을 해야하는데, 성장 기반이 무너지는 상황에 직면한 것입니다. 언론도 어바웃의 등장이 다나와에 부정적인 영향을 미칠 것이라고 분석했습니다.

시장에서는 다나와의 주가 급락 원인을 성장 모멘텀의 부재 때문으로 보고 있다. 다나와는 제휴쇼핑, 광고사업, 쇼핑몰관리, 정보제공 등의 사업을 영위하고 있다. 가장 많은 매출을 차지하는 분야는 제휴쇼핑으로, 지난해 전체 매출액의 37.7%인 78억 원을 기록했다.

제휴쇼핑은 G마켓, 옥션, 11번가 등 오픈마켓, 홈쇼핑 등과 제휴 계약을 맺고 수수료를 받는 사업이다.

그러나 주요 매출원인 옥션과 G마켓이 만든 정보 사이트 어바웃의 영향에 매출원 확대가 어렵지 않겠냐는 의견이 많다. 향후 계약조건도 현재보다 불리해질 가능성도 언급되고 있다.

(머니투데이 2011년 5월 23일)

이 기사는 또 증권 전문가의 말을 인용해 "NHN 등 포털 사이트들이 인터넷 쇼핑의 영향력을 강화하고 있고, 옥션과

G마켓이 최대 매출처에서 최대 경쟁사로 바뀌었다"며 "앞으로 영업력이 축소되면서 수입원이 자연스럽게 줄어들지 않겠냐는 우려감이 작용하는 것으로 해석된다"고 보도했습니다.

1등 에누리의 장벽

또 다른 전선에서 종합 가격비교 시장의 1등이었던 에누리와의 경쟁이 주는 스트레스를 받았습니다.

에누리는 LG전자 출신인 서홍철 전 에누리 대표가 1998년에 만든 가격비교 사이트입니다. 다나와보다 2년 앞서 창업한 것입니다. 한국 전자상거래 역사상 최초의 종합 가격비교 서비스라고 할 수 있습니다.

에누리는 가격비교 서비스 분야에서 늘 1등을 유지했던 선도기업이었습니다. 다나와가 거래액 기준에서 에누리를 넘어선 것은 2017년 무렵이었을 정도로 이커머스 생태계에서 에누리는 오랫동안 1등 브랜드를 유지했습니다.

에누리는 출발할 때부터 가전제품 등 대중적인 제품에 대한 가격비교 서비스를 제공하였습니다. 이어 점차 비교 대상 제품군을 확대하여 전자상거래 사이트에서 취급하는 모든 제품을 가격비교 대상으로 삼았습니다.

인터넷 대중화 초기에 에누리가 종합 가격비교 사이트로 등장해 1등을 차지할 수 있었던 것은 우선 도메인 이름이 다나와만큼 쉬웠습니다. 더욱이 물건값을 깎는다는 의미의 에누리는 인터넷에서 저렴한 제품 정보를 찾는 사용자들에게 어필하기 딱 좋았습니다.

2000년대 가격비교 사이트가 우후죽순으로 생기면서 시장이 한때 혼란하기도 했습니다. 베스트바이, 오미 등 20여 개 가격비교 사이트가 등장했는데 에누리와 다나와 정도가 소비자들이 금방 기억하고 좋은 브랜드였습니다.

에누리는 한국의 온라인 쇼핑시장이 폭풍성장하면서 함께 성장하였습니다. 특히 G마켓과 같은 오픈마켓이 온라인 쇼핑의 대세가 되면서 종합 가격비교 서비스도 함께 성장하였습니다.

에누리닷컴의 화려한 변신

2011년 코스닥 입성 이후 3년 연속 답답한 시간을 보내는 중에 2014년 초 시중에서 에누리가 팔린다는 소문이 들려왔습니다. 조금 지나서 언론을 통해 에누리의 매각협상 뉴스를 접했습니다.

2014년 4월 실제 에누리가 사모펀드인 VIG에 매각됐습니다. 창업자인 서홍철 대표가 자신의 지분 등 주요 지분을 사모펀드에 매각하고 경영권을 넘기며 경영 일선에서도 물러났습니다. 당시 매각 내용을 보면 VIG파트너스는 서홍철 대표의 지분을 포함한 88.4%를 약 650억 원에 사들였습니다.

가격비교 시장의 개척자이면서 선의의 라이벌이었던 에누리의 경영권이 바뀌는 점에 대해 고개를 갸우뚱했습니다. 서홍철 대표는 경영권을 왜 넘겼고 또 사모펀드는 가격비교 사이트를 인수해 어떻게 성장시키려고 하는지도 몹시 궁금했습니다. 당시 언론은 아래와 같이 매각 배경을 분석했습니다.

30~40대에게 에누리는 낯설지 않은 이름이다. 1998년 스포츠·가전·유아용품·가구·패션 등 온라인에서 거래되는

상품가격을 비교해 최저가 정보를 제공하는 서비스를 선보

인 후 2000년대 초반까지 큰 인기를 끌었다.

그러나 이후 에누리는 소비자의 기억에서 희미해졌다. PC에

서 모바일로 급변하는 소비 패턴을 따라잡지 못했기 때문이

다. 결국 지난해 에누리 최대주주 서홍철 대표는 보고펀드에

회사를 넘겼다.

(포브스코리아 2015년 8월 23일 201509호)

VIG는 서홍철 대표를 대신해 이베이 출신인 최문석 대표

에게 경영권을 맡겼습니다. 최문석 대표는 버거킹 한국지사

장, 이베이코리아 통합사업본부장(부사장) 출신으로 한국 피

앤지, 미국 컨설팅기업 부즈앨런해밀턴, 삼성생명, 이베이코

리아 등을 거친 마케팅 전문가였습니다.

이 외에 김기범 이베이코리아 상무를 COO(최고운영책

임자)로, 이정환 메타넷그룹 상무를 CFO(최고재무책임자)로

각각 영입해 막강한 경영진을 구축하였습니다. 전자상거래

종합 플랫폼으로 도약한다는 의미에서 법인명도 써머스플랫

폼으로 변경했습니다.

최문석 대표 등 새 경영진은 M&A를 에누리 성장의 중요

한 전략으로 삼아 공격적인 기업 인수에 나섰습니다. 1년 남 짓한 기간 동안 골프 예약 서비스 엑스골프를 운영하는 그린 웍스, 택배정보 서비스인 스마트택배를 운영하는 스윗트래 커, 모바일 광고회사 쉘위애드 등 3개 회사를 숨가쁘게 인수 했습니다.

에누리의 새로운 행보는 기존 쇼핑정보 서비스만 제공하 던 사업 모델에서 탈피하려는 의도 같아 보였습니다. 최문석 대표는 기자회견을 통해 인수합병 전략의 핵심은 라이프스타 일 커머스 플랫폼으로 변신하는 것이라고 밝혔습니다.

에누리의 새로운 행보 중에서 유심히 관찰한 것은 데이 터사업 전략 부분이었습니다.

2015년부터 에누리는 가격비교의 핵심 경쟁력인 상품 데이터베이스를 사업 모델로 발전시키기 위해 여러 방면에 서 시도했습니다. 이커머스 및 온라인 쇼핑몰에 분산된 각각 의 상품 데이터를 표준화해 사용자에게 보여 주는 솔루션을 만들어 자회사인 스윗트래커의 구매 데이터와 결합해 브랜드 및 상품의 트렌드를 분석하는 빅데이터 사업으로도 영역을 넓히려고 시도한 것입니다.

저는 주인이 바뀐 후 에누리 방문자 수가 증가한 점을 주목했습니다. 또 2015년 기준으로 에누리의 연간 거래금액은 1조 원 수준으로, 입점 쇼핑몰 상품에 대한 수수료와 사이트 내 광고 등으로 매출 187억 원, 영업이익 65억 원을 올린 것으로 알려졌습니다. 또 가격비교 서비스 점유율은 네이버 지식쇼핑(59%)에 이어 19%로 2위를 차지했습니다.

다나와 입장에서 네이버는 그렇다 치고 에누리의 장벽이 더 높아질 것 같아 속이 상했습니다.

위기 타개, 한 우물을 파자

용산시장은 반드시 지키자

위기 상황을 맞아 뭐라도 해야 할 상황이었습니다. 어바웃이 잠식하는 가격비교 시장 점유율도 지켜야 했고, 에누리의 변신에 대응도 해야 했습니다. 네이버가 공룡처럼 시장을 삼키는 현상을 보면서 네이버가 도저히 진출하지 못하는 고유의 영역을 철저히 지켜야 했습니다.

　아무리 머리를 굴리고 외부 의견을 들어도 다나와의 최고 자산은 용산전자상가 유통생태계에 구축한 다나와 브랜드와 네트워크였습니다. 또 저 자신이 개발자이기에 다나와 플랫폼을 외주에 의존하지 않고 자체 개발팀을 이끌며 기술력을 내부에 축적한 점은 다나와만이 지니고 있는 큰 장점이었습니다. 그래서 저는 우선 용산시장만큼은 반드시 사수한다는 경영원칙을 세우고 수시로 임직원들에게 이 점을 강조했습니다.

동시에 사용자들이 PC에서 스마트폰으로 이동하는 추세를 고려해서, 모바일 가격비교 서비스를 잘 만드는 데 주력했습니다. 가격정보를 수집해서 내부에 구축하는 상품데이터베이스 운영부터 사용자들이 직접 접하는 사용자 인터페이스까지 서비스의 모든 면을 아주 정교하게 챙겼습니다.

화려한 외양에 눈을 팔지 않고, 사용자들이 조금이라도 더 편하고 빠르게 서비스를 이용할 수 있도록 디테일에 디테일을 더하는 데 주력했습니다. 모바일의 경우 소비자가 이용 중 하나만 막혀도 금방 앱에서 빠져나가는 현상을 일찌감치 인지했습니다.

그렇게 기본에 힘을 쏟고 있는 동안 호재가 잇따라 발생했습니다. 이베이코리아는 어바웃을 한창 육성하다가 결국 2013년 말 무렵 어바웃에 힘을 빼기 시작했습니다. 이베이코리아가 아무리 어바웃에 돈을 쏟아부어도 결국 네이버의 아성을 무너뜨리기 어렵다고 판단한 것입니다. SK플래닛의 바스켓 역시 성장하지 못하고 문을 닫았습니다.

또 에누리가 사모펀드에 팔린 이후 에누리에서 일하던 인재들이 회사를 많이 그만둔 것도 다나와에게는 행운으로 작용했습니다. 최문석 대표가 이끄는 에누리는 사업 다각화를 위해 기존 대형 쇼핑몰 제휴사업 비중을 낮추고 데이터 사업과 인수합병 전략에 초점을 맞췄습니다. 그런 흐름 속에서 쇼핑몰 제휴 분야 마케팅 인력과 개발 인력이 에누리에서 나오기 시작했습니다.

당시 에누리 출신을 수용할 만한 곳은 다나와가 유력했습니다. 따라서 에누리에서 쇼핑몰 제휴사업을 담당하던 정재웅 씨를 비롯해 개발자 등이 다나와에 하나둘씩 합류하기 시작했습니다.

저는 사업을 하면서 늘 위기가 닥치면 기다리면서 상황을 지켜보는 원칙을 고수했습니다. 죽을 것 같은 순간을 잘 넘기면 새로운 상승 곡선을 탈 수 있다고 확신했습니다. 그런 상황에서 조급한 마음을 이기지 못해 직원을 닦달하거나 엉뚱한 곳에 투자를 하면 오히려 상황을 악화시킨다고 판단하였습니다.

기존 수익모델을 혁신하다

용산전자상가 유통시장만은 누구에게도 빼앗겨서는 안 된다는 생각은 했지만, 상황은 답답했습니다. 스마트폰이 대중화되면서 컴퓨터 시장은 성장을 멈추다시피 했기 때문입니다. 용산전자상가를 찾는 사람도 확 줄어들어 평일에는 썰렁했습니다.

상황은 좋지 않았지만 다나와가 용산전자상가 유통생태계에서 아직 진출하지 않은 분야가 무엇인지를 유심히 살폈습니다.

당시 다나와는 조립PC 유통에서 최고 중요한 위치를 차지하고 있었습니다. 조립PC 업체는 대부분 다나와 플랫폼을 이용해 광고도 하고 견적을 직접 받기도 했습니다. 컴퓨터 구매자 사이에서도 '조립PC' 하면 다나와라는 이미지가 확고했습니다.

인터넷 시대 이전에 조립PC를 찾는 사람이 용산을 찾았다면 온라인 쇼핑 시대에는 다나와를 찾아왔습니다. 당시 다나와는 다나와에 입점해 쇼핑몰을 운영하는 유통업체에게 정액 방식으로 수수료를 받아 수익을 올리고 있었습니다.

저는 다나와가 독점하다시피 한 조립PC 유통에서 미처 보지 못한 면이 있는지를 살펴보자고 임직원들에게 이야기했습니다. 그랬더니 임원들이 아이디어를 내기 시작했습니다. 그중에서 정액제 방식에 안주해 매출액이 정체되었다는 분석이 눈에 띄었습니다.

저는 망치로 머리를 맞은 기분이었습니다. 고심 끝에 저는 다나와의 PC 유통 쇼핑몰을 제로베이스에서 다시 설계해 보자고 제안했습니다.

쇼핑몰 관리 대상은 크게 두 가지 형태입니다. 첫 번째 유형은 개별 사이트를 보유하지 않는 소규모 업체들이 다나와 플랫폼 안에서 쇼핑몰을 개설해 운영할 수 있도록 해 주는 연동몰 서비스입니다.

두 번째 유형은 개별 사이트를 보유한 중견업체의 독립 쇼핑몰을 대상으로 월정 금액의 입점수수료를 내고 당사 가격비교 사이트를 이용하는 사업입니다. 입점수수료는 각 쇼핑몰의 판매액과 상관없이 월 단위로 정액을 받는 정액제 모델이었습니다.

중소형 쇼핑몰을 대상으로 하는 가격비교 서비스는 다나와가 초창기부터 열심히 개척했던 사업입니다. 초창기 다나와에게 안정적으로 매출을 올려주는 캐시카우이기도 했습니다. 용산 중소형 업체들은 처음에는 다나와를 경계했지만, 인터넷이 대세가 되자 다나와를 파트너로 삼아 성장을 꾀했습니다.

소비자들은 다나와에서 가격비교 정보를 통해 원하는 PC 관련 전문 쇼핑몰에 직접 연락하여 물품을 구입하기도 하며, 또 해당 쇼핑몰의 홈페이지에서 물품을 구입하기도 했습니다. 다나와는 부동산 중개업체처럼 소비자와 판매처를 연결해 주는 중개 역할을 했던 것입니다.

소비자들은 국내에서 내로라하는 수백 개의 중소형 PC 쇼핑몰의 가격비교 서비스를 다나와 사이트를 통해 다 볼 수 있었습니다. 에누리나 네이버에서는 제공할 수 없는 서비스여서 다나와의 차별성을 확실하게 보여 주는 서비스 역할을 했습니다.

하지만 PC 전성기가 꺾이면서 변화의 조짐이 보였습니다. 스마트폰을 중심으로 모바일 혁명이 시작된 2010년을 전후로 중소형 쇼핑몰 수가 감소하기 시작했습니다. 또 쇼핑몰 간 경쟁이 치열해지면서 경영을 잘하는 곳은 대형화되고, 자금력이 부족한 중소규모 업체는 치열한 경쟁을 견디지 못하고 사라지는 현상이 벌어졌습니다.

그러다 보니 독립 쇼핑몰에 대한 정보를 중개하면서 발생하는 매출도 계속 하락했습니다. 정액제이다 보니 쇼핑몰 숫자가 줄어들면 다나와 매출이 저절로 줄어들 수밖에 없었습니다. 월정 금액의 입점수수료가 기본인 이 사업은 큰 위기를 맞은 것입니다.

이 위기를 타개하기 위해 임원들과 머리를 맞대고 해결책을 다양한 각도에서 찾았습니다.

여러 회의 끝에 정액제 대신 매출액에 연동하는 방식(CPS: Cost Per Sales)을 도입하는 아이디어가 나왔습니다. 즉 거래 금액에 연동해서 수수료를 부과하는 제휴사업 모델이었습니다. 제휴사업 모델이란 다나와의 가격비교 서비스에 G마켓 등 외부 대형 쇼핑몰의 가격정보를 노출해 주고, 소비자가 다나와를 통해 해당 쇼핑몰로 이동하여 실제 구매를 할 때 매출액의 일정 부분을 받는 종량제 형태의 수익모델입니다.

하지만 이것은 많은 개발 인력을 투입해 새로 플랫폼을 만들어야 하는 고난도 작업이었습니다. 또 수백 개에 이르는 입점 업체 중에서 옥석을 가려서 정리정돈을 잘해야 하는 난제이기도 했습니다. 월정액을 내는 업체들이 갑자기 매출액에 따르는 종량제에 따라 돈을 내라고 하면 반발할 가능성이 아주 컸기 때문입니다.

또 종량제를 수용할 만한 업체는 다나와의 소비자 트래픽을 대량을 몰아줌으로써 획기적으로 매출을 키울 수 있다는 확신을 주어야만 설득이 가능했습니다. 성공을 확신하기 어려웠지만, 무엇이라도 해야 할 절박한 상황이었습니다.

저는 절박한 심정으로 당시 PC 쇼핑몰을 담당했던 강명종 씨에 전권을 주고 입점료 대신 판매수수료 방식으로 바꾸는 프로젝트를 해 보라고 했습니다.

수익모델을 과감하게 변경하자 2013년부터 효과가 나타나기 시작했습니다. 판매수수료 매출액은 2013년 50억 원을, 2014년에 56억 원을, 2015년에 69억 원을 기록했습니다. CPS 모델은 매년 하락하는 입점수수료와는 달리 매년 꾸준히 성장하면서 새로운 캐시카우로 자리를 잡기 시작했습니다.

샵다나와의 폭풍 성장

IPO 이후 답답한 2년을 보내다가 다행히 기존 모델을 혁신함으로써 숨통이 겨우 틔었습니다.

　이어서 판매수수료 모델 도입을 통해 얻은 자신감을 바탕으로 PC 유통시장에서 영향력을 확대하기 위해 몇 가지 사업을 실행했습니다.

　우선 2016년 3월 PC 온라인 쇼핑몰인 샵다나와를 론칭하였습니다. 샵다나와의 뿌리는 앞서 소개한 판매수수료 모델입니다. 다나와는 PC 유통업체가 제품 판매 외에는 아무것도 신경쓰지 않아도 될 정도로 A부터 Z까지 유통에 필요한 온라인 플랫폼을 제공했습니다.

　3년 동안 계속 매출액이 오르는 것을 보고, 저는 다나와 쇼핑플랫폼을 묶어서 쇼핑몰을 구축해도 되겠다는 자신감을 얻었습니다. 창사 이래 가격비교 정보를 바탕으로 중개 역할과 온라인 광고 플랫폼 역할만 하다가 대형 쇼핑몰처럼 제품 자체를 유통하는 능력을 갖춘 것입니다.

　샵다나와는 직접 PC를 생산해서 판매하는 방식이 아니었습니다. 소비자가 부품을 조합하여 제시하면 판매자가 역경매로 가격을 정해 거래를 시작하고, 다나와는 판매업체에게 소비자를 연결시켜 주고 대금을 지급하는 구조입니다.

　샵다나와는 출범하자마자 조립PC 유통에서 1위에 올라

서며 성장을 거듭했습니다. 예를 들어 판매수수료 매출액은 2015년 69억 원에서 2018년 166억 원까지 올랐습니다.

PC 시장이 정체된 상황에서 샵다나와의 성장은 참 경이로웠습니다. 성장 요인을 차분하게 분석해 보니 흥미로운 점이 많았습니다.

PC 전체 시장 성장세는 둔화됐지만 게임용 PC와 같이 특수 수요는 여전히 굳건했습니다. 더욱이 게임용 PC는 고성능 부품을 장착하기에 일반 사무용 PC보다 단가가 높았습니다. 고사양 조립PC를 찾는 소비자들이 샵다나와를 찾으면서 매년 매출액이 올랐던 것입니다.

샵다나와도 까다로운 고급사양 소비자의 수요에 발맞춰 무료 PC 구매 상담 등 소비자 맞춤형 컨설팅 서비스를 강화했습니다. 샵다나와가 서비스 수준을 몇 해에 걸쳐 꾸준히 높이자, 국내에서 최고의 조립PC 유통 플랫폼으로 자리를 잡았습니다. 이 덕분에 팬데믹 기간에 기대하지 않았던 수요까지 발생하고 샵다나와는 한 단계 더 성장하였습니다.

이런 자신감을 바탕으로 3단계 사업은 이른바 유통 매출인 상품매출 모델 개발에 착수했습니다. 쿠팡이 자사 브랜드로 제품을 개발하여 소비자들에게 판매하는 방식과 유사한 것입니다. 예를 들어 샵다나와 데스크톱 PC케이스를 자체적으로 구입한 다음에 원하는 곳에 판매하는 방식으로 샵다나와와 시너지를 내도록 했습니다.

2011년 코스닥 상장 이후 여러 가지 악재를 만나 답답한 행보를 하기도 했지만 2016년부터 가슴에 막혔던 혈이 뚫리는 기분을 느꼈습니다. 실제 2015년 매출액 271억 원이 2016년에 324억 원으로 뛰었고 2017년에 424억 원을 달성하였습니다.

돌이켜보면 다시 초심으로 돌아가 용산 생태계에 집중하면서 한 우물을 파서 얻은 성과라고 생각합니다.

온라인 쇼핑업계의 히든 챔피언

종합 가격비교, 1등이 되자

용산 집중 전략을 통해 답답한 상황을 타개했지만 다나와 앞에는 여전히 핵심 과제가 놓여 있었습니다. 투자가들은 여전히 다나와를 디지털 제품 가격비교에 강한 곳이라는 시각을 갖고 있었습니다. 또 종합 가격비교 서비스에서 여전히 다나와를 에누리 다음 순위라고 인식하고 있었습니다.

실제 다나와가 2004년 말부터 종합 가격비교 서비스에 진출한 이후 2014년까지 가격비교 서비스 거래액이 늘 에누리의 70~80%에 그쳤습니다. 다나와가 실력만큼 제 대접을 받기 위해서는 종합 가격비교 시장에서 에누리를 확실하게 앞지르는 수밖에 없었습니다.

저는 그 점을 아쉬워하면서, 거래액만큼은 언젠가 에누리를 뛰어넘겠다는 의지를 꺾지 않았습니다. 하지만 생각보다 에누리라는 장벽을 뛰어넘기는 쉽지 않았습니다. 기회는 참 우연하게 찾아왔습니다.

2014년 에누리 주인이 사모펀드로 바뀌더니, 이어 새 경영진이 탈가격비교 서비스를 표방하고 나섰습니다. 저는 에누리가 무엇을 하려나 싶어 에누리의 사이트와 앱을 매일 관찰하였습니다.

그런데 에누리는 새로운 비전에 집중한 탓인지 기존 가격비교 서비스에 빈틈을 보였습니다. 가격비교 서비스는 기술력 위에 세심한 사람의 손길이 닿아야 하는데 에누리의 경우 그렇지 못한 부분이 계속 노출되었습니다.

제게는 에누리의 허점이 다나와의 기회로 비쳤습니다. 예를 들어 소비자가 불편해하는 요소를 잘 살피고, 또 이용자들이 원하는 것에 바로바로 대응하는 시스템을 더 세밀하게 가동하였습니다. 그런 노력으로 다나와는 모바일 앱에서 상당한 수준의 디테일을 갖춰 가격비교 서비스를 이용하는 소비자들 사이에서 신뢰감을 더 잘 쌓을 수 있었습니다.

사용자 접점이 넓은 인터넷 서비스 시장에서 디테일은 하루아침에 베낄 수 있는 요소가 아닙니다. 짧게는 3년에서 길게는 10년 이상 소비자 접촉을 통해 쌓은 시행착오를 바탕으로 구축할 수 있는 디테일이기 때문입니다.

이런 흐름 속에서 2015년 에누리에서 쇼핑몰 제휴 파트를 총괄하던 정재웅 씨가 다나와에 합류했습니다. 다나와에 첫출근하는 날 제 사무실에서 차를 마시면서 인사를 나눴습니다. 저는 정재웅 씨에게 딱 한 가지만 요청하겠다면서 "거래액에서 에누리를 꼭 넘어 주세요"라고 말했습니다. 다나와와 제휴 쇼핑몰 간 거래액 기준으로 에누리를 넘어 1등을 만들어 달라고 요청한 것입니다.

새로 합류한 정재웅 씨의 종합 가격비교 서비스 노하우와 개발팀의 노력이 융합되면서 서서히 거래액에서 에누리에 근접하더니 2018년부터 에누리를 앞지르기 시작했습니다. 특히 PC에서 작동하는 웹사이트 시대가 저물고 스마트폰에서 작동하는 모바일 앱 시대가 활짝 열리는 시점에서 다나와의 앱 경쟁력은 가격비교 서비스에서 새로운 경쟁력을 구축하는 결과를 낳았습니다.

예를 들어 제휴 쇼핑 수수료 매출액은 2015년 78억 원에서 2018년 163억 원까지 올랐습니다. 드디어 2018년을 기점으로 다나와는 디지털 카테고리 가격비교 경쟁력을 넘어서 모든 제품 가격비교 경쟁력까지 갖췄습니다. 다나와의 도약 시점이 참 절묘했습니다. 한국의 온라인 쇼핑시장이 2015년을 기점으로 폭증하면서 가격비교 수요도 함께 성장하였습니다.

히든 챔피언

한국의 이커머스 또는 온라인 쇼핑산업 흐름을 돌아보면 참 변화가 많았습니다.

제가 다나와를 창업하여 20여 년 동안 가격비교 서비스 사업을 하면서 한국 온라인 쇼핑산업의 변화를 몸으로 직접 겪었습니다. 지난 20년을 돌아보면 한국 온라인 쇼핑산업계의 생태계 구조와 특징은 다음과 같이 정리할 수 있습니다.

우선 기존 백화점이나 대형마트를 온라인에 옮겨놓은 종합 쇼핑몰 유형이 한 축을 이뤄 온라인 쇼핑시장을 키워 왔습니다. 1996년 온라인 쇼핑몰을 지향하며 등장했던 인터파크, 롯데그룹의 롯데온닷컴, 신세계그룹의 쓱닷컴이 이런 유형에 속합니다.

두 번째 유형은 G마켓, 11번가, 쿠팡, 네이버 쇼핑과 같이 오픈마켓을 표방하는 쇼핑몰입니다. 오픈마켓은 온라인 쇼핑몰, 결제, 물류 등을 공통으로 구축해 놓고 유통업체에게 빌려주면서 수수료를 받는 방식으로 돈을 법니다.

세 번째 유형은 독립 쇼핑몰입니다. 카페24, 메이크샵 등 이커머스 솔루션 회사에 월정액을 내고 쇼핑몰 구축 솔루션을 빌려서 독자적으로 운영하는 쇼핑몰입니다. 소호몰을 비롯해 중소 쇼핑몰이 이런 유형에 속합니다.

네 번째 유형은 정보 중개를 지향하는 가격비교 서비스입니다. 공간 제약을 받는 오프라인과 달리 온라인에는 쇼핑몰과 취급하는 상품 수가 매년 기하급수적으로 늘어나고 있습니다. 그뿐만 아니라 같은 제품이라도 시점에 따라 가격이 수시로 변하기도 합니다. 온라인 쇼핑의 이런 속성에 따라 자연스럽게 소비자들은 원하는 제품을 구입하기 전에 판매처와 가격정보를 한눈에 보고 싶어 하는 욕구를 지니게 됐습니다. 가성비 높은 상품을 사고 싶은 인간의 근본 욕구가 가격비교 서비스라는 카테고리를 탄생시킨 것입니다.

가격비교 서비스의 본질은 소비자와 판매자를 중개해 주

고 수수료를 받는 정보 중개업입니다. 부동산 중개업과 본질이 같습니다.

　지난 20년간의 온라인 쇼핑업계 흐름을 되돌아보면 경쟁이 어떤 곳보다 치열했고, 절대 강자를 허용하지 않았습니다. 2000년대 초반에는 옥션이 떴다가 다시 G마켓에게 바통을 넘겨줬습니다. G마켓이 잘나가다 네이버의 쇼핑업 진출에 멈칫거렸고 다시 소셜 커머스로 출발한 쿠팡의 변신에 화들짝 놀랐습니다.

　가격비교 서비스 시장의 경우 초창기 춘추전국 시대를 거쳐 에누리와 다나와가 양강구도를 이뤄 함께 성장했습니다. 한때 네이버가 슬금슬금 가격비교 시장을 잠식하다가, 시장이 훨씬 큰 오픈마켓 쪽으로 선회하면서 에누리와 다나와가 한숨을 돌릴 수 있었습니다. 물론 옥션-G마켓이 한때 어바웃이라는 독자 가격비교 서비스를 운영하면서 가격비교 시장이 크게 흔들렸던 적도 있습니다.

　온라인 쇼핑몰의 본무대 격인 쇼핑몰 플랫폼 시장에서는 정말 경쟁이 치열했습니다. 2023년 시점에서 쿠팡과 네이버가 주도권을 잡고 있지만, 앞으로 판도가 어떻게 변할지는 아무도 모른다고 해도 과언이 아닙니다.

본무대에 비해 가격비교 서비스 시장은 사실상 다나와-에누리 체제가 오랫동안 유지되었습니다. 네이버의 공세에도 불구하고 시장을 지켜냈고 또 앞으로도 위협적인 경쟁자가 갑작스럽게 등장할 가능성도 그리 높지 않습니다.

제가 이렇게 정글과 같은 온라인 쇼핑몰 생태계에서 생존하여 성장을 계속할 수 있었던 것은 무엇보다 운이 따랐던 덕분이라고 생각합니다.

우연하게 컴퓨터 분야부터 가격비교를 시작한 것이 첫 번째 운이었습니다. 컴퓨터는 다른 제품에 비해 단가가 높습니다. 또 가전제품에 비해 제품 교체 주기가 짧습니다. 무엇보다 매달 신제품이 쏟아져 나오면서 가격비교 수요가 늘 존재했습니다.

두 번째 운은 어려울 때 참고 기다리는 자세가 가져왔습니다. 저는 실적이 좋지 않을 때 어떡하든지 좋은 사이클이 올 때까지 느긋하게 버텨야 한다고 생각했습니다. 직원들을 달달 볶으면 작은 성과를 얻을지라도 근본적인 해결책을 찾을 수 없다고 믿었던 것이지요.

실제 2019년 코로나 바이러스로 인한 팬데믹 기간 고가 게임용 PC 시장이 폭발할 줄 아무도 예측하지 못했습니다. 팬데믹 때 더 많은 매출과 이익을 얻었던 것은 잘 버티면서 때를 기다린 덕분이었습니다.

세 번째 운은 온라인 쇼핑 생태계에서 가격비교 서비스를 선택한 것이 아닌가 생각합니다. 양질의 가격비교 서비스는 소비자, 판매자, 쇼핑몰 플랫폼 등 모두에게 이득을 줍니다. 소비자는 투명한 쇼핑 정보를 얻어 좋고, 판매자는 제품을 팔 수 있는 고객 접점을 얻어 좋습니다. 쇼핑몰 플랫폼은 많이 팔릴수록 수수료도 함께 늘어나 좋습니다.

다나와가 걸어온 길과 이룬 성취를 압축하면 온라인 쇼핑업계의 히든 챔피언에 가깝지 않을까 생각합니다.

'히든 챔피언' 이론의 창시자는 독일 출신 경영학자 헤르만 지몬 박사입니다. 지몬 박사에 따르면 '히든 챔피언'이란 '전문 분야에서 특화된 경쟁력으로 세계 시장을 지배하는 우량 강소기업'입니다. 독일에는 1500여 개의 히든 챔피언 인증을 받은 기업이 있다고 합니다. 광학업체 칼자이스, 유아 이유식업에 힙, 문구업체 파버카스텔 등이 대표적인 히든 챔피언 기업입니다.

히든 챔피언은 대기업이 아니기에 한 분야에서 확실한 경쟁력을 갖고 있어야 합니다. 그러면서 또 특정 대기업에 의

존적이지 않고 사업을 문어발식으로 확장하여 대기업이 되려고도 하지 않습니다. 그런 점을 잘 활용하여 변화무쌍한 경쟁에서 생존할 수 있는 능력도 갖춰야 합니다.

그래서 다나와는 글로벌이라는 기준만 빼면 히든 챔피언에 가깝지 않을까 생각합니다. 다나와는 컴퓨터 유통생태계에서 구축한 경쟁력을 주춧돌로 삼아 종합 가격비교 서비스라는 집을 올렸기에 어떤 상황에서도 흔들리지 않는 탄탄함을 갖추고 있습니다.

다나와의 그런 면 덕분에 대기업의 파워와 거대 자본이 패권 다툼을 하는 온라인 쇼핑산업계에서 살아남지 않았나 생각합니다.

3부
다 모여라, 목동으로

김포에서 목동으로

서울 도심을 기준으로 서울의 서쪽에 자리 잡은 목동은 다나와가 태어나 성장하고 꽃을 피운 곳입니다. 하지만 목동은 제가 태어난 곳도, 학창 시절을 보낸 곳도, 직장생활을 한 곳도 아닙니다. 또 목동은 한국의 IT산업계에서 분당이나 판교만큼 중요한 지역도 아닙니다. 이제부터 제가 목동을 사업의 근거지로 삼은 배경을 소개해 드리겠습니다.

저의 고향은 경기도 김포입니다. 초등학교 3학년 때 부모님 곁을 떠나 서울에서 초중고를 다녔습니다. 서울로 조기유학을 한 셈입니다. 친척 집에서 학교에 다니다 보니 나름대로 사회생활을 하는 요령을 어릴 때부터 일찌감치 터득한 듯합니다. 학교에 다니면서 모나지 않게 행동하면서 친구들과 어울려 재미있게 지냈습니다.

고3 때 가까운 학교 친구들이 인하대 공대를 지원하길래 큰 고민 없이 인하대 공대를 지원했습니다. 인하대가 인천에 자리 잡고 있기에 서쪽 김포 출신이 서울로 유학 왔다가 다시 서쪽으로 가게 된 셈입니다.

그런데 희한하게도 대학에 이어 직장생활도 제 고향에 가까운 서울의 서쪽에서 시작했습니다. 대학을 졸업하고 대한항공에 입사했는데 여의도로 출근하라는 명령을 받았습니다. 당시 본사는 서울 시내 서소문에 있었지만, 전산실은 여의도 동양화재 빌딩에 따로 위치했기 때문입니다.

이어 대한항공이 1989년 전산센터를 강서구 방화동에 크게 지어 이전하면서 방화동으로 출근하였습니다. 방화동은 여의도보다 더 김포에 가깝습니다. 김포에서 서울로 유학 갔다가 다시 김포로 한 발짝씩 들어가는 느낌이었습니다.

직장이 김포와 가깝다 보니 자연스럽게 1990년 결혼하고 나서도 김포 부모님 댁에서 신혼생활을 시작했습니다. 이 시점에서 보면 돌고 돌아다니다 고향으로 귀향한 셈이었습니다. 고향이 자석처럼 저를 잡아당겼던 것 같습니다.

1994년 본가에서 분가하면서 첫 집을 강서구 방화동에 마련하였습니다. 일터가 방화동이기에 자연스러운 선택이었습니다. 같은 전산실 동료들도 근처에 많이 살아 좋은 일이 있을 때나 힘든 일이 있을 때나 서로 어울려 참 잘 지냈습니다.

동료들과 술잔을 기울이면서 미래에 대한 막연한 불안감을 나눴습니다. 또 방화동 직장생활 시절 10년 후 선배들의 삶을 곁에서 보면서 '답이 뻔한 삶을 살아서는 안 되겠다'는 생각을 하기도 했습니다. 그런 고민이 쌓이면서 방화동 아파트에서 다나와 사이트를 개발했던 것입니다. 어떻게 보면 다나와의 발상지는 방화동이라고 할 수 있습니다.

김포에서 방화동에 자리를 잡는 줄 알았는데 다나와를 설립하면서 다시 동쪽으로 이동하게 됐습니다. 직장생활에서 벗어나고 싶은 절박함에서 덜컥 다나와를 만들었더니 예상치 못하게 폭발적으로 성장하면서 회사 모습을 갖춰야 했습니다. 실리콘밸리 창업에 비유하면 차고에서 나와야 할 시점에 이르렀던 것입니다.

IT의 변방, 목동에 자리 잡다

서울 목동은 1983년 이전까지 큰비만 오면 물에 잠기는 상습 침수지역이었습니다. 서울시는 1990년대 초반 도시정비계획의 하나로 목동을 강남처럼 대규모 아파트 단지로 개발하는 계획을 세워 1983년부터 원주민 이전을 시작으로 기반 조성 사업을 시작했습니다.

먼저 아파트 단지와 학교가 들어서고 이어 백화점, 방송국, 공공기관이 입주하면서 오늘날 목동의 모습이 갖춰졌습니다. 목동 하면 아파트 단지와 교육환경이 좋은 곳이라는 이미지를 떠올릴 것입니다. 자녀 교육에 관심이 많은 학부모가 선호하는 지역입니다.

하지만 IT산업 측면에서 보면 목동은 변방 중의 변방입니다. 내로라하는 IT업체들은 대부분 강남, 판교, 분당 등 경부선 라인에 집중되어 있습니다. 목동은 서울방송, 기독교방송, 방송회관 등 방송산업이 발달해 있기는 하지만 이름만 대면 알 만한 IT업체는 다나와 등 몇 개 외에는 거의 없다고 해도 과언이 아닙니다.

IT와 굳이 관련성을 찾자면 안양천을 건너면 가산디지털

단지와 연결되는 점입니다. IT업체들이 많이 입주해 있는 가산디지털단지와 구로디지털단지는 아파트 단지와 학원 중심의 목동과는 전혀 다른 분위기이지요.

제가 아무런 연고가 없고 IT산업의 변방인 목동에 다나와 둥지로 만들게 된 데는 대학 동문 손윤환 씨가 결정적인 역할을 했습니다.

손윤환 씨는 아역 배우 출신으로 인하대 전산과 동문입니다. 손윤환 씨는 학번이 하나 아래였지만 제가 1년 휴학을 하고 복학하면서 대학을 함께 다녔습니다. 둘은 함께 어울리면서 친하게 지냈습니다. 손윤환 씨는 졸업 후 삼성전자, 로터스, IBM 등 정통 IT업체에서 사회 경험을 쌓았습니다. 그는 특히 PC사업부에서 오래 근무하면서 PC에서 작동하는 운영체제를 비롯해 각종 응용 프로그램에 정통했습니다.

다나와 사이트를 론칭하고 나서 입소문을 타면서 PC 얼리어답터들이 다나와 사이트를 찾기 시작했습니다. 다나와 사용자들은 가격비교 정보를 이용하면서 다양한 질문을 쏟아냈습니다. 이때 저는 PC에 해박한 지식을 지닌 손 사장과 대한항공 전산실 동료들에게 도움을 요청했습니다. 그들은 게시판에 올라오는 각종 문의사항에 답을 달아 주면서 다나와에 큰 도움을 줬습니다.

다나와의 초기 인기와 함께 용산전자상가 유통업체에게서 제품 정보 게시 수수료를 받는 수익모델이 작동하면서 저는 나름대로 큰 그림을 그리기 시작했습니다. 이를테면 다나와가 사이버 전자상가가 될 수 있을 것이라고 봤습니다.

당시에 사이버스페이스라는 키워드가 대세이기도 했습니다. 크고 작은 유통업체들이 모두 입점해서 제품과 가격정보를 다나와에 수시로 올리고 소비자들은 원하는 제품과 업체를 편안하게 검색하고 찾아서 가격과 성능을 비교하면서 원하는 제품을 구매하는 플랫폼이 바로 다나와라고 구상했습니다.

그런 플랫폼으로서 다나와를 제대로 키우려면 저 혼자 힘으로 어렵다는 것을 느꼈습니다. 이런저런 생각을 하는 도중 손 사장의 근황을 들었습니다. 손윤환 씨가 다니던 회사가 큰 회사에 매각되고 나서 가족들과 함께 캐나다 이민을 준비하고 있다는 소식이었습니다.

저는 손윤환 씨를 만나 소주잔을 기울이면서 합류를 제안했습니다. 손윤환 씨는 오랫동안 캐나다 이민을 준비했다며 난색을 표시했습니다. 다나와가 아무리 인기를 끌기 시작했다고 해도 수많은 신생 사이트 중의 하나로서 미래를 알기 어려운 점도 손윤환 씨가 쉽게 합류를 결정하기 어려운 면이 었을 것입니다.

"딱 1년만 해 보고 다나와 미래가 안 보이면 그때 이민 가도 되지 않겠느냐." 저는 손윤환 씨에게 1년만 다나와에서 일하면서 미래를 결정해 달라고 부탁했습니다. 저의 끈질긴 설득 끝에 그는 다나와에 합류하기로 결심하였습니다.

그런데 손윤환 씨가 "네 아파트로 출근할 수는 없지 않느냐. 어디로 출근하면 되느냐"고 묻길래 답변이 막막했습니다. 실제 집으로 출근하라고 할 수 없는 상황이었습니다. 그래서 급히 방화동과 가까운 목동 쪽 오피스텔을 알아봤습니다. 저의 집 위치를 고려하면 당시 IT업체들이 선호하는 강남으로 갈 수는 없었습니다. 그렇다고 임대료가 비싼 여의도로 갈 수도 없었습니다.

방화동과 가까운 지역 중에서 그마나 목동의 인프라가 가장 좋았습니다. 방송사와 방송 관련 단체들이 목동으로 이동하면서 콘텐츠 분야 업체들이 입주해 있고, 또 신축 오피스텔이 들어서 사무 환경이 꽤 쾌적한 지역이었습니다.

발품을 좀 팔아서 목동 벽산미라지타워 오피스텔 317호를 목동의 첫 사무실로 정했습니다. 사무실에는 저하고 손윤환 씨 그리고 서무를 보는 직원 한 명이 전부였습니다. 목동 벽산미라지타워 오피스텔이 목동 시대의 시작점이었습니다.

저는 개발과 사이트 운영 파트를 맡고 손윤환 씨는 마케팅 등 나머지 경영을 맡아 다나와를 운영하기 시작했습니다. 이로써 다나와 목동 시대가 열리고 경영의 투톱 시대가 시작되었습니다.

목동 양산박

목동에 오래 살다 보니 목동은 서울에서 하나의 독립된 동네라는 느낌이 드는 곳입니다. 지형적 특징을 보면 목동 위로는 한강이, 남쪽으로 안양천이 목동을 감싸고 있습니다. 또 서쪽으로 매봉과 봉제산이 목동을 둘러싸고 있어 목동은 자연스럽게 자연 경계가 있는 동네입니다. 그래서 저는 다나와가 자리 잡은 목동이 번잡한 서울 중심에서 떨어진 변방이면서 요새와 같다는 생각을 했습니다.

목동에서 다나와 임직원들과 함께 일하고 밥 먹고 술 마시며 어울리면서 농담조로 '목동은 양산박'이라고 한두 번씩 말하곤 했습니다. 저의 성정이나 지향점과 잘 맞는 비유라고 생각했던 것입니다.

어릴 때 『삼국지』와 함께 『수호지』를 참 재미있게 읽었습니다. 저는 『삼국지』보다 『수호지』를 좋아했습니다. 중국 명나라 때 시내암이 쓴 『수호지』는 『삼국지』, 『서유기』, 『금병매』와 함께 중국을 대표하는 4대 소설입니다.

『수호지』의 시대적 무대인 북송 말기는 황실부터 지방 관청에 이르기까지 부패하고 무능하여 백성들의 삶은 고달프고 불안하기 짝이 없었습니다. 세금을 뜯기고 부당한 대우를 받고 심지어 목숨까지 잃는 일이 중원에 일상사처럼 반복되곤 했습니다.

『수호지』는 나라 곳곳에서 억울한 일을 당한 사람들이 양산박에 하나씩 모여들면서 시작됩니다. 양산박(梁山泊)은 산둥성 지닝시(濟寧市)의 량산현에 존재하는 양산(梁山)을 일컫습니다. 양산박에는 송강, 무송, 노지심 등 108명의 영웅호걸이 저마다의 사연을 안고 합류하여 의기투합합니다. 이들은 권력에 기대 선량한 백성들을 조롱하고 탄압하는 벼슬아치들을 통쾌하게 응징합니다.

양산박을 이끄는 중심 인물은 산둥성 출신 송강입니다. 양산박의 호걸 108인 중 서열 제1위의 인물입니다. 초대 총두령은 조개라는 인물이었습니다. 송강은 조개가 억울하게 죽은 후 총두령이 됩니다.

제가 목동에서 사업을 하면서 다양한 인재를 끌어들이기 위해 나름대로 애를 썼습니다. 인재들이 한두 명 합류하면서 그들이 자신의 능력을 마음껏 펼칠 수 있는 분위기를 만들고자 했습니다. 그런 생각을 계속 확장시키는 가운데, 불현듯 목동이 양산박 같은 곳이 되었으면 했습니다.

물론 『수호지』의 양산박은 당시 기준으로 도적과 나라에 반기를 든 반역 세력의 중심이었습니다. 하지만 『수호지』라는 소설이 탄생하고 민중에게 꾸준히 사랑받은 배경에는 기존 시스템에 대한 실망과 새로운 시스템이나 문화를 바라는 민중의 염원이 깔려 있습니다.

양산박의 출발은 먹고 살기 위해 도적이 될 수밖에 없었던 도적 떼의 소굴이었습니다. 그러다 기존 체제에서 억울한 일을 당한 하급 관료, 군인들이 마지막 피난처로 양산박을 선택합니다. 양산박은 어디 갈 곳 없는 사람들의 구원처가 된 셈입니다.

송강 역시 산둥성의 관료로 일하다가 억울한 누명을 쓰고 귀양살이를 하는 신세였습니다. 귀양살이하던 중 여러 사건에 연루되어 죽을 위기에서 양산박의 도움을 받아 목숨을 건집니다.

송강은 비록 인물이 출중하거나 무술이 뛰어나지 않았지만 덕이 많아 많은 사람이 존경하고 기꺼이 그를 돕고 따릅니다. 송강의 이런 면모를 감안해 만화가 고우영 작가는 송강을 유비와 비슷하게 그렸던 것으로 기억합니다.

송강은 양산박에 합류하고 나서 하늘을 대신하여 의를 행한다는 기치를 내걸고 개성이 강한 108명의 호걸을 서로 조화롭게 협업하도록 리더십을 발휘합니다.

그래서 저도 좋은 사람을 만나거나 소개받으면 길게 보고 목동 양산박으로 모시기 위해 기를 썼습니다. 내부에서 비용 상승을 우려하는 목소리가 있었지만 일관되게 인재 모시기를 추진했습니다. 목동 양산박이라는 비유 외에도 '식객이 많아야 회사가 잘 된다'는 설득 논리를 폈습니다.

곳간의 힘, 식객을 모으다

스타트업이 인재를 영입하는 방식은 대체로 이렇습니다. 먼저 개인 자금과 엔젤 투자가의 자금으로 초기 비지니스 모델을 만들어 작동 가능한 것을 보여 줍니다. 초기 프로덕트를 갖고 벤처캐피털 문을 두드립니다. 초기 프로덕트는 거의 프로토타입에 가깝기에 매출과는 거리가 멉니다.

성장 가능성을 강조하면서 자본금의 몇 배 또는 몇십 배 높은 회사 가치를 매기고 지분을 떼어 주는 방식으로 억대에서 수십억대 돈을 유치합니다. 투자사로부터 돈이 들어오면 그 돈으로 사람을 뽑고 장비에 투자합니다. 막대한 돈을 광고 마케팅에 사용하기도 합니다.

경우에 따라 수년 동안 계속 적자를 내면서 가입자 수 등 규모를 키우면서 버팁니다. 최근 성공을 거둔 쿠팡 역시 그런 길을 걸었습니다. 스타트업 세계에서 인재 확보 방식으로 이런 방식이 일반적입니다.

하지만 다른 각도에서 보면 미래 가치를 담보로 빌린 돈으로 인재를 얻는 방식이어서 불안하기 짝이 없습니다. 경영자 입장에서 인재를 뽑고 나서 투자가의 기대치에 맞추기 위해 인재 운영에 여유를 갖기 어렵지요.

예상한 만큼 회사가 성장하지 못하면 애써 영입한 인재를 내보내야 하는 상황을 맞을 수도 있습니다. 외부에서 영입된 인력도 회사 재정 상태를 살피다가 미래가 없다고 판단하면 바로 퇴사하곤 합니다.

그런 면에서 저는 운이 좋았습니다. 인터넷 가격비교라는 서비스 자체가 처음부터 수익모델을 찾을 수 있었습니다. 물건을 파는 업체들 입장에서 가격비교를 통해 유입되는 트래픽이 바로 매출과 직결되었기에 온라인 광고비 집행은 필수였던 것입니다. 사이트를 만들고 나서 6개월 만에 매출과 이익을 내기 시작해 한 번도 적자를 내지 않고 고속 성장하면서 매년 현금이 회사 통장에 차곡차곡 쌓였습니다.

그래서 저는 초조한 마음으로 돈을 구하려고 벤처캐피털을 기웃거릴 필요가 없어 늘 마음이 느긋했습니다. 목동을 어슬렁거리면서 직원들과 재미있게 지내는데 집중할 수 있었습니다. 그러면서 당장 필요한 인력이 아니라 다나와에 미래에 필요한 인재를 찾기 시작했습니다.

'곳간에서 인심이 나온다'는 격언은 늘 맞았습니다. 좋은 사람이다 싶으면 먼저 소주 한 잔을 청해서 이런저런 마음속

이야기를 나누면서 슬쩍 입사를 제안하는 식으로 부담을 주지 않았습니다. 또 기다려 달라고 하는 분에게는 얼마든지 기다릴 수 있다고 안심시켜 드렸습니다.

물론 꼭 붙잡아야겠다고 판단하면 삼고초려가 아니라 십고초려의 정신으로 계속 만남을 요청해 설득하기도 했습니다. 곳간의 힘은 또 합류한 뒤에도 식객으로 모실 수 있는 기반이었습니다. 다나와에 합류한 분에게는 시간을 충분히 드리면서 다나와 기존 임직원과 교류하도록 하고 또 업무를 파악하도록 했습니다.

저의 이런 인재 영입 시작도 역시 용산전자상가를 중심으로 구축된 인적 네트워크에서 이뤄졌습니다.

목동 양산박 사람들

용산 유통계 인맥, 정세희

PC시대가 시작된 1980년대 중반부터 2000년대 중반까지 우리나라 디지털 제품 유통의 중심은 역시 용산전자상가였습니다. 전자랜드, 선인상가, 나진상가 등 중심 상가에는 완제품부터 각종 부품 업체가 밀집해 있었습니다. 또 컴팩, HP, 삼성전자, LG전자, 아수스 등 국내외 PC 완제품 제조사는 대형 업장을 용산에 배치했습니다.

　　PC 제품은 다른 전자제품과 달리 관련 제품과 서비스를 달고 다니는 거대한 생태계입니다. 이런 점 때문에 디스플레이, 프린터, 마우스, 키보드 등 PC 관련 제품을 유통하는 곳이 용산전자상가 곳곳에 위치하였습니다.

또 용산전자상가에서는 게임 관련 제품과 부품, 디지털 카메라 관련 제품 등 크고 작은 디지털 제품이 해마다 새로운 유행을 만들어 내며 소비자들의 눈길을 끌었습니다.

그렇지만 뭐니 뭐니 해도 용산전자상가의 중심은 제품이나 부품을 수입하여 유통하는 유통업체였습니다. 그리고 용산전자상가 소식을 다루는 잡지, 신문 등 언론이 유통업체의 파트너 역할을 했습니다. 새로운 제품 트렌드를 소개하고 특정 제품 사용기를 소개하는 역할을 〈PC사랑〉, 〈PC라인〉 등 월간지가 담당하다가 인터넷 시대가 열리면서 종이 대신 케이벤치, 얼리어돕터 등 온라인 매체가 그 역할을 가져갔습니다.

다나와가 PC 생태계 유통에서 두각을 나타내면서 용산 유통업계와 리뷰 정보 매체와 연이 닿았습니다. 그 과정에서 새로운 사람을 알게 되고 가끔 교류하기도 했습니다.

그러다가 2002년 무렵 다나와에 온라인 광고를 하는 업체 중에서 마우스 등 PC 액세서리를 수입해서 국내에서 판매하는 유통업체 MSD에서 일하던 정세희 씨를 만났습니다. 정세희 씨는 패기가 넘치고 PC 유통에서 상당한 경험을 쌓아가고 있었습니다.

2003년 무렵 저는 정세희 씨와 소주잔을 기울이면서 다나와 합류를 넌지시 제안했습니다. 정세희 씨는 처음에 다소 당황하면서 1년 더 유통업체에서 경험하고 싶다고 에둘러 말했습니다. 저는 마음속으로 다소 실망했지만 평소 소신대로 경험을 더 쌓고 다나와에 합류해 달라고 제안했습니다.

1년 가까이 시간이 흘러 정세희 씨에게 연락해서 합류를 제안했더니 이번에는 정세희 씨가 저의 제안을 흔쾌히 받아들였습니다. 용산전자상가에서 성장한 '장수'가 처음으로 목동에 자리 잡은 다나와 양산박에 발을 들이는 순간이었습니다.

저는 정세희 씨에게 처음에 특별한 역할을 주지 않았습니다. 점심이나 저녁을 하면서 저는 "선수는 뽑아 두면 알아서 한다"면서 스스로 역할을 찾을 때까지 기다릴 심산이었습니다. 당시 회사 전체 전략과 연구개발은 제가 지휘했고, 나머지 경영은 손윤환 씨가 담당하고 있었습니다. 또 용산 업체들이 인터넷에 계정을 개설해 자율적으로 제품과 가격정보를 입력하면서 일정 수수료를 내고 있어 특별히 영업을 강화할 필요가 없는 상황이었습니다.

정세희 씨는 처음 다나와 커뮤니티 뉴스 게시판에 매일 뉴스를 업데이트하고, 해당 게시판에 있는 뉴스 글에 방문자들이 댓글을 쓰도록 유도하는 데 힘썼습니다. 전자상가의 정보 포털 역할로서 주요 매체의 기사 스크랩을 하면서 사람들끼리의 의견이나 논쟁을 다나와에서 하도록 노력하는 모습이 눈에 들어왔습니다.

그러다가 정세희 씨는 마케팅, 특히 광고보다는 제휴 기사나 홍보에 보다 가깝게 활동을 개척해 나갔습니다. 또 수익 모델 개발, 사이트 차별화 전략, 신사업 개발 등 여러 부문을 거치면서 본부장급으로 성장하였습니다.

정세희 씨의 영입이 특히 큰 도움이 된 것은 그가 용산전자상가 밑바닥에서 경험과 노하우를 쌓은 인재들과 다나와 사이에서 접점 역할을 한 것입니다.

PC 미디어 인맥, 이관헌

PC 전성기였던 1990년대 중반에서 2000년대 중반까지 케이벤치 등 컴퓨터 관련 정보를 전문적으로 다루는 벤치마크 전문 사이트들이 전성기를 누렸습니다. 벤치마크 전문 사이트는 같은 카테고리 제품의 성능을 과학적으로 측정하여 수치로 비교하는 콘텐츠를 통해서 영향력을 행사했습니다.

케이벤치는 PC통신망의 컴퓨터 동호회에 뿌리를 두고 1990년대 후반에 창업한 디지털 디바이스 벤치마크 전문 사이트로, 얼리어답터 사이에서 꽤 인기가 있었습니다. 다나와의 가격비교 서비스에 사람이 몰리면서 디지털 디바이스를 다루는 여러 콘텐츠 업체와 제휴를 하고, 자연스럽게 케이벤치와도 인연을 맺었습니다.

2003년 무렵으로 기억합니다. 케이벤치 기획실장을 맡고 있던 이관헌 씨가 다나와를 찾아왔습니다. 이런저런 대화를 나누는 가운데 이관헌 씨가 케이벤치에서 다나와를 인수하고 싶다고 말했습니다. 이관헌 씨는 〈PC라인〉이라는 컴퓨터 전문 잡지 기자 생활을 하다가 케이벤치에 합류해 용산전자상가 소식에 정통했습니다. 케이벤치도 정보만으로 성장에 한계가 있다고 보고 가격정보 데이터베이스 구축에 도전했지만 어려움을 겪고, 다나와 인수 쪽에 관심을 가진 모양이었습니다.

저는 정중하게 인수 제의를 거절하는 대신 이관헌 씨라는 사람을 눈여겨봤습니다. 다나와 초창기 이용자들은 가격비교 정보 외에 컴퓨터 관련 신제품 동향과 성능 비교 콘텐츠를 꽤 좋아했습니다. 컴퓨터 구매자들이 그런 콘텐츠를 이용하다가 구매 시점이 되면 가격비교 서비스를 이용하면서 실제 구매까지 이어졌습니다. 뉴스 콘텐츠가 가격비교 서비스에서 윤활유 역할을 하는 것을 직접 경험했기에 케이벤치 출신이라면 콘텐츠 운영에 적임자가 될 수 있다고 생각했습니다.

그런데 2004년 무렵 케이벤치가 에이파일에 매각되었다는 소식을 들었습니다. 저는 바로 이관헌 씨에게 전화를 걸어 다나와 합류를 제의했습니다. 이관헌 씨는 다나와에 합류해 처음에 팀장 역할을 맡아 가격비교 서비스 앞단계에 해당하는 제품 정보 콘텐츠를 운영하는 일을 수행했습니다.

이관헌 씨는 〈PC사랑〉 같은 월간지 출신, 온라인 커뮤니티 출신과 팀을 이뤄 신제품 리뷰, 제품 사용기, 벤치마크테스트(BMT) 콘텐츠를 생산하였습니다.

그러다가 전자신문에서 일하던 박영하 씨가 합류하면서 두 사람의 역할이 중복되었습니다. 두 사람 모두 기자 출신으로 콘텐츠 제작과 운영에 장점을 지니고 있었기 때문입니다. 저는 일할 수 있는 사람이면 스스로 일거리를 찾아서 일한다고 믿었습니다.

이관헌 씨는 제 기대대로 광고기획 쪽으로 방향을 틀어

가격비교 사용 데이터를 기반으로 광고주들에 어필하는 서비스를 개척하기 시작했습니다. 예를 들어 이관헌 씨는 특정 제품을 더 많이 팔기 위해 어떻게 광고하면 좋을지를 로그데이터나 가격비교 후 쇼핑몰 구매 전환율 데이터를 바탕으로 광고주를 설득해 나갔습니다.

이관헌 씨가 개척한 서비스는 나중에 다나와 마케팅세일즈 프로모션(Danawa Marketing Sales Promotion; DMSP)으로 발전하였습니다. 이 프로모션은 다나와가 가진 모든 영업적 역량을 믹스한 마케팅 프로그램으로, 기본적인 디스플레이 광고 노출을 포함해 상품 우대 노출, 콘텐츠 생산, 리서치 데이터 제공, 이벤트 진행, 상품·브랜드블로그 운영 등을 하나의 세트상품으로 묶은 서비스입니다. 물론, 업체의 필요에 따라 선택적으로 활용할 수도 있도록 했습니다.

컴퓨터 유통 인맥, 강명종

정세희, 이관헌 씨 등 용산전자상가에 밝은 인재들이 목동 양산박에 합류하면서 다나와의 용산 뿌리는 더욱 깊어졌습니다. 하지만 아쉬운 점이 하나 있었습니다. 가격비교 데이터베이스를 바탕으로 사용자와 유통업체 사이에서 탄탄한 브릿지를 구축하기는 했지만 수익모델이 광고와 중개수수료에 그치는 점이 늘 아쉬웠습니다.

그런 생각을 하고 있던 차에 정세희 씨가 용산 컴퓨터 쇼핑몰 사업을 잘 아는 사람이 있다면서 2006년에 강명종 씨를 소개했습니다. 강명종 씨는 용산의 컴퓨터 쇼핑몰에서 근무했으며 그 이후에는 3년간 용산에서 쇼핑몰 관련 컨설팅을 하는 개인사업을 하고 있었습니다.

강명종 씨는 멀리서도 한눈에 알아볼 만큼 키가 컸습니다. 정세희 씨 소개로 인터뷰를 가졌지만 다른 이슈에 매달리면서 한동안 강명종 씨 인터뷰 건을 잊고 있었습니다. 그러다 다음 해 사업 전략을 구상하다가 유통 쪽 사람이 필요하다는 생각에 다시 기억에서 끄집어 내어 강명종 씨를 2006년 12월에 합류시켰습니다.

강명종 씨 합류를 통해 목동 양산박의 인재풀이 제법 짜임새를 갖추기 시작했습니다. 정세희 씨와 이관헌 씨는 용산 유통의 바닥 정보와 인맥에 장점을 발휘하였습니다. 강명종 씨는 직접 컴퓨터 쇼핑몰을 운영해 본 경험이 돋보였습니다.

정세희 씨와 이관헌 씨는 다나와 초창기에 합류하여 자신의 영역을 일찌감치 개척해 자리를 잡았습니다. 두 사람에 비해 강명종 씨는 대기만성형에 가까웠습니다. 다나와가 2011년 상장하기까지 강명종 씨의 활약이 그리 두드러지지는 않았습니다.

강명종 씨의 존재감은 상장 이후 다나와가 성장 정체에 빠져 있을 무렵이었습니다. PC 시장이 정체되어 있는 데다 기존 강자 에누리가 종합 가격비교 시장에서 버티고 있고 대형 오픈몰이 직접 가격비교 서비스에 뛰어들면서 다나와의 성장세가 멈칫했던 것이지요. 강명종 씨는 이 무렵 컴퓨터 온라인 유통 경험을 십분 살려서 새로운 수익원을 만드는 데 활약하기 시작했습니다.

대표적인 수익원 발굴 사례 중 하나는 다나와 서비스 중 '가상온라인견적서'라는 PC 견적 서비스였습니다. 이 서비스는 다나와 초기부터 있었던 중요한 서비스였습니다. 이 서비스는 다나와가 무료로 제공하던 서비스였습니다.

강명종 씨는 이 서비스를 유료화로 전환하면서 기존에 있던 판매점들을 정리하고 새롭게 선별한 소수정예 판매점들과 거래하는 아이디어를 냈습니다.

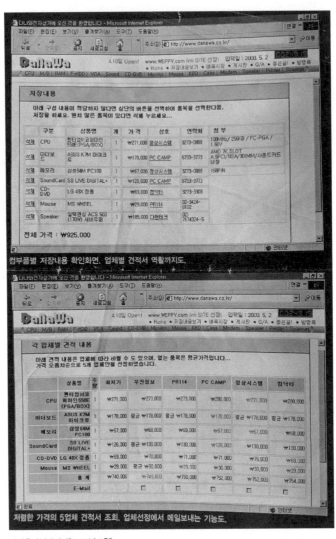

가상온라인견적서(2000년 5월)

저는 유료화 전환과정에서 서비스의 문제점이나 기존 고객들의 이탈이 발생하지 않을까 내심 걱정했지만, 묵묵히 지켜보기로 하였습니다. 다행히 무료에서 유료로 전환하는 선택이 잘 마무리되고 성과를 내기 시작하였습니다.

저는 늘 용산전자상가에 뿌리를 둔 컴퓨터 유통 무대만큼은 우리가 최고여야 한다고 강조했습니다. 특히 다나와는 컴퓨터를 좋아하는 개인, 기업 그리고 용산전자상가 내 수 많은 협력사들이 자주 보는 사이트라는 강점을 살려야 한다고 임직원들에게 이야기했습니다.

저는 2015년 강명종 씨를 책임자로 정하고 샵다나와라는 유통 플랫폼을 만들었습니다. 샵다나와는 기업이나 개인이 샵다나와에서 다양한 옵션을 조합해 주문하면 제품을 조립하여 배달해 주는 유통 플랫폼입니다.

샵다나와는 매년 폭발적으로 성장했습니다. 2018년 완제품 조립PC 거래량이 20만 6494대를 기록했는데 2017년에 비해 27% 증가한 수치입니다. 거래액도 2532억 원으로 전년 대비 32.8%나 늘었습니다.

고스펙 PC 수요가 전반적 조립PC 수요 상승을 이끈 것으로 분석됐습니다. '배틀그라운드' 등 게임용 PC 사용자가 지속적으로 늘고 있는 데다 인터넷 방송, 전문 그래픽 작업을 위한 PC 수요도 큰 폭으로 증가했지요.

샵다나와는 다나와의 매출이 다시 상승 곡선을 긋는 데 큰 역할을 했습니다. 특히 조립PC 유통에서 절대적인 입지를 굳힘으로써 네이버, 에누리 등 경쟁 서비스들과 확실하게 다나와를 차별화시켜 줬습니다.

강명종 씨의 역할은 다시 한번 "인재는 제 밥값을 스스로 벌어들인다"는 저의 소신을 확인시켜 주었습니다. 사장의 역할은 장수를 잘 뽑아서 장수들이 제 역할을 하도록 시간을 주고 지켜보는 것입니다.

전자신문 인맥, 박영하

용산전자상가 인맥을 영입하면서 외부 인재 영입에 더 많은 관심이 생겼습니다. 이번에 제가 관심을 가진 인재풀은 전자신문사였습니다. 전자신문사는 〈전자시보〉라는 제호로 주간지로 출발한 전자/IT 전문 매체로, 1991년 일간지로 전환하여 당시 국내 유일 ICT 전문 일간지로서 명성과 영향력을 구축하고 있었습니다.

〈전자신문〉은 중앙지와 경제지에 비해 IT업계 밑바닥 소식까지 상세히 다뤘습니다. 특히, 전자신문은 매체 특성상 전자제품 유통 기지인 용산전자상가와 구의동 테크노마트, 서초동 국제전자상가, 고척동 123전자타운 등의 소식을 정기적으로 취재하고 기사화했습니다.

그러다 보니, 이들 전자상가에 메가톤급 영향을 몰고 온 '다나와'는 당연히 눈에 띄는 취재 대상이 될 수밖에 없었습니다.

당시 전자신문사에서 다나와를 눈여겨봤던 기자는 박영하 씨였습니다. 그는 다나와 창업 초기에 사이트 개설부터 리뉴얼, 대표 인터뷰 등을 통해 다나와가 널리 알려지는 데 많은 도움을 주었지만, 또 한편으로는 용산전자상가 상인들의 입장도 전하면서 균형 있게 다루려고 노력했습니다.

일례로, 2001년 6월 11일 자 전자신문 기사 중에서 박영하 기자의 '다나와 사이트 무엇이 문제인가'라는 제목의 기사가 눈에 확 띄었습니다.

요즘 용산과 테크노마트 등지의 전자 유통업계가 인터넷 가격정보 제공 사이트인 다나와에 대한 찬반 양론으로 시끌

벅적하다는 취지의 내용이었습니다. 2000년 4월 오픈해 1년 만에 820여만 명의 누적 방문자 수를 자랑할 정도로 인기를 끌자 '다나와 때문에 영업을 못하겠다'면서 '유통질서 파괴자'라고 공격하는 목소리가 있다고 소개했습니다. 박영하 씨는 용산의 불만을 소개하면서도 용산의 가격 담합을 깨뜨려 소비자의 이익을 증진시킨 점도 잘 소개하였습니다.

기사를 읽으면서 박영하 기자가 균형감을 갖고 인터넷이 만들어 내고 있는 파괴적 혁신을 잘 이해하고 있다고 생각했습니다. 그로부터 10개월쯤 뒤 2002년 4월 박영하 씨는 저를 뉴파워리더로 비중 있게 소개를 했습니다. 당시 인터뷰 기사 내용입니다.

성 사장은 다나와 사이트가 유통가격을 적나라하게 공개해 국내 컴퓨터 시장질서를 무너뜨리고 있다는 세간의 비평에 대해 "소비자들이 보다 쉽고 편리하게 성능 좋은 PC를 구매할 수 있도록 만드는 것이 최대 목표"라며 "소비자와 유통업자가 모두 좋아하는 사이트로 만들겠다"고 포부를 다졌다.

(전자신문 2002년 4월 27일자)

이 기사가 나가고 나서 좀 지난 시점에 박영하 씨가 제게 전화를 했습니다. 그는 "기사 나갔는데 보셨나요? 잘못된 것은 없나요…?"라고 말했습니다. 아마도 기사의 영향력을 확인하고 싶었던 모양입니다.

저는 혹시나 싶어 전자신문사로 한번 방문해 감사의 인사를 전하고 술 한잔 하자고 했습니다. 그런데 박영하 씨는 대뜸 "사장님, 수익이 나면 나중에 술 한잔 하시지요"라면서 정중하게 사양을 했습니다. 저는 박영하 씨의 그런 태도와 자세를 접하고 "자기 직업에 충실하고 정직하구나"라고 속으로 생각했습니다.

세월이 흘러 다나와가 의미 있는 수익을 내자, 바로 박영하 씨에게 전화를 걸었습니다. 이익이 남은 기념으로 술을 한잔 사고 싶었던 것입니다. 그렇게 인연을 이어가면서 가끔 만났는데 2004년 무렵 박영하 씨가 저녁을 먹는 와중에 자신의 속풀이를 했습니다.

"1994년 12월 전자신문에 기자로 입사하여 2004년 12월 31일까지 근무하였으니, 딱 10년 현직을 뛴 것 같습니다."

저도 직장생활 10년쯤 되던 시점에 미래를 놓고 고민을 많이 했더랬습니다. 박영하 씨 역시 기자 생활 10년차가 되자 지난 세월을 돌아보고 향후 기자 생활을 어떻게 할 것인지 고민을 하는 눈치였습니다.

저는 "그럼, 기자 생활을 할 만큼 하셨으니 신문사 그만두시고 다나와에 오세요"라고 즉석에서 입사를 제안했습니다. 박영하 씨는 "글만 쓰던 제가 다나와에서 역할이 있겠습니까"라면서 저의 제안을 반신반의하는 표정이었습니다.

저는 "콘텐츠 부문에서 할 일이 많으니 그건 걱정 말라"면서 영입 의사를 거듭 확인해 줬습니다. 실은 2004년에 입사한 이관헌 씨가 콘텐츠 분야를 맡고 있어 중복의 우려가 있었습니다. 하지만 저는 회사가 여유가 있을 때 식객을 많이 확보하면 각자 알아서 밥값을 할 것이라는 소신이 있었기에 박영하 씨에게 조금의 망설임도 없이 합류를 제안한 것이었습니다.

박영하 씨는 전자신문사에 사표를 내고 한 달 정도 쉬다가 2005년 2월 1일부터 다나와에 출근했습니다. 박영하 씨가 합류한 뒤 다나와의 콘텐츠는 보다 체계적으로 생산되고 관리되기 시작했으며, 다루는 부문도 다양화되었습니다. 영상 팀도 이때 만들어졌고, 여성 이용자들이 관심을 가질 만한 콘텐츠를 생산하기 위해 여기자도 여러 명 충원하며 미디어로서의 위상을 만들어 나갔습니다. 훗날 다른 매체에 매각된 '미디어잇'이 이때 만들어진 인터넷 매체입니다.

박영하 씨는 정세희, 이관헌, 강명종 씨 등 회사 허리를 구성한 용산 3인방보다 연배가 위였기에 큰형님처럼 이들과 어울리며 초창기 여러 가지 문제를 해결하는 데 눈에 보이지 않는 역할을 잘 했습니다.

아내의 고교 인맥, 안징현

목동에서 다나와가 자리를 잡으면서 주말에 목동에 사는 사람들과 조금씩 교류하기 시작했습니다.

전 직장 사람들, 학연으로 맺은 사람들과 가끔 만나서 맥주 한잔 하면서 교류를 했습니다. 그러다가 아내를 통해 아내의 고등학교 친구 부부와 자리를 함께 했습니다. 아내는 부산 출신으로 대한항공 전산센터에서 만나 부부의 인연을 맺었습니다. 아내 입장에서는 서울살이가 타향살이여서 한동네에 사는 고등학교 친구를 각별하게 여겼습니다. 자연스럽게 아내 친구의 바깥사람을 만나 식사하는 자리를 가졌습니다.

안징현 씨는 바로 아내의 인맥 풀에서 만난 인재입니다.

2006년경으로 기억됩니다. 아내가 같은 동네에 사는 여고 친구 2명이 있다는 얘기를 여러번 듣고 아내에게 부부 동반으로 자리를 갖자고 제안했습니다.

한국 사회에서 대체로 부부관계에서 남편의 고교 대학 친구들이 부부 동반 모임을 주도하는 것이 일반적입니다. 아내 고교 동창 모임에 남편이 합류하는 경우는 흔치 않지요. 아내가 지방 출신이고 또 목동이라는 지역 특수성이 아내 인맥에 남편이 끼이는 것이 자연스러웠습니다. 목동은 비록 서울이지만 동네 정체성이 다른 지역보다 강한 편입니다.

안징현 씨는 당시 동양증권을 거쳐 그린화재보험(현 MG손해보험)에서 자산운용부장을 맡고 있었습니다. 또 다른 동창의 남편은 법조인이었습니다.

서로 공통점은 없었지만 만나자마자 편안한 분위기에서 각자 분야 이야기를 나누다 보니 신선하고 재미있어 편한 사이가 되었습니다. 셋 중에서 안징현 대표가 가장 어렸습니다. 하지만 연배 차이가 크지 않아 부담 없이 저녁을 먹거나 맥주 한잔 나누면서 친분을 쌓았습니다. 때로는 저녁 식사후에 부인끼리는 차를 마시고, 남자끼리는 당구를 치기도 했습니다.

교류를 하면서 안징현 씨와 대화를 해 보니 금융업계 출신답게 재무 지식이 풍부하고 인맥이 상당하다는 것을 느꼈습니다. 그 시점에 다나와도 꽤 성장하여 매출도 100억 원대에 이르고 영업이익도 30~40억 원을 꾸준히 기록했습니다. 회사에 현금도 꽤 쌓여 있었습니다.

저는 회사를 더 키우고 나아가 스타트업 꿈 중의 하나인 기업공개를 하려면 제대로 된 CFO를 영입해야 한다고 생각하고 있었습니다. 그런 생각을 하던 차에 안징현 씨를 만나니 영입하면 좋겠다는 생각이 마음속에서 솟았습니다. 아내에게 슬쩍 안징현 씨를 모시면 어떻겠느냐고 하니 아내도 저의 견해에 적극 찬성을 해 주었습니다. 친구를 통해 들은 안징현 씨의 품성에 대해 신뢰감을 갖고 있었던 것이지요.

하지만 혹시나 안징현 씨가 저의 제의를 거절하면 어떡하나 하는 생각도 했습니다. 그는 당시 크게 성장하는 보험회사에서 능력을 인정받고 핵심 역할을 하고 있어 안정된 직장을 나와 미래가 불투명한 스타트업을 선택하기 쉽지 않을 것이라고 예상했습니다.

그럼에도 불구하고 용기를 내어 2007년 말 두 부부만 따로 만나자고 아내를 통해 전갈을 넣고 목동의 한 카페에서 만났습니다. 민감한 사안이어서 평소 함께 어울렸던 세 부부 모임에서 그런 이야기를 할 수 없는 점을 고려했기 때문입니다. 저는 이 만남에서 안징현 씨에게 회사의 CFO로 들어와 줄 것을 제안했습니다.

안징현 씨는 저의 제안을 받고 몹시 당황하는 기색이 역력했습니다. 나중에 안징현 씨는 당시 심정에 대해 "가끔 회사 운영이나 금융 관련 질문을 저에게 하셨지만, 솔직히 회사의 내용도 잘 모르는 입장에서는 이러한 제안에 당황할 수밖에 없었다"라고 이야기한 바 있습니다. 제 짐작에도 40대 중반에 자신의 주무대인 금융기관에서 스타트업으로 옮기면 다시 금융업계에 돌아가기 어려울 것이라는 점이 결심에 큰 걸림돌이었을 것입니다.

안징현 씨는 평소 진중한 성품대로 다나와가 무슨 비즈니스를 하는지, 재무제표 등 회사 경영상황은 어떻게 되는지 등에 대해 파악해 보고 답을 드리겠다고 답변을 했습니다.

그는 그후 여러 경로를 통해 다나와 재무 상황과 비즈니스 구조 등을 요모조모 살펴보았던 모양입니다. 저의 제안을 받고 다소 시간이 지난 뒤, 이번에는 안징현 씨가 미팅을 청해 왔습니다. 안징현 씨는 그동안 조사한 결과를 바탕으로 궁금한 점을 제게 물었습니다. 저는 평소 소신대로 회사 사정과 저의 생각을 솔직하고 담백하게 털어놓았습니다.

혹시 제가 영입을 못 한다고 해도 동네 친구로서 계속 잘 지내기 위해서는 솔직하게 이야기하는 것이 좋다고 생각했기 때문입니다. 그래서 저의 민감한 고민까지 안징현 씨와 나눴습니다. 그렇게 이런저런 이야기를 하는 과정에서 둘 사이에 새로운 신뢰감과 공감대가 형성되었던 것 같습니다. 그럼에도 불구하고 안징현 씨는 여전히 신중했습니다.

제가 10번 찍어서라도 모신다는 생각으로 그와 계속 대화를 나눈 끝에 2008년 안징현 씨가 다나와에 회계 총무 등 백오피스를 책임지는 경영본부장직(당시 상무)을 맡아 합류하였습니다. 안징현 씨는 다나와에 합류한 후 코스닥 상장 작업을 지휘하면서 능력을 크게 발휘하였습니다.

그는 나중에 대표가 된 이후 회사 전체 경영을 조율하면서 고비 때마다 경영자로서 성실하고 책임 있게 회사를 키웠습니다. 특히 코스닥 상장 이후 다나와가 여러 가지 어려움을 만나 성장이 둔화되었을 때 여러 장수들과 함께 위기를 잘 타개하였습니다.

가끔 친구들이나 사회에서 만난 지인들과 술자리를 할 때 안징현 씨를 어떻게 영입했느냐는 질문에 아내 친구의 남편이라고 하면 모두 깜짝 놀랍니다. 남자 고교 인맥으로 움직이는 한국 사회에서 아내 고교 인맥으로 네트워킹하는 사례는 극히 드물기 때문이겠지요. 그때마다 저는 "제가 아내 덕을 정말 많이 봤습니다. 아내 덕에 좋은 사람을 만나 십고초려해서 모셨습니다"라고 답변하곤 합니다.

대한항공 인맥, 조정원

집 거실에 컴퓨터 한 대 두고 시작했던 다나와는 2000년대 중반에 이르면서 시스템 면에서 웹호스팅 업체 중 가장 많은 서버와 대역폭을 사용할 정도로 하루가 다르게 규모가 커지고 내용도 복잡해졌습니다.

　제가 개발자 출신이기에 다나와는 기술개발 부문에서 기본을 중시했습니다. 출범할 때부터 가격비교 서비스는 물론, 제휴상품 정보 수집, 콘텐츠 관리시스템, 에스크로 시스템, 통합배송 시스템 등 서비스에 필요한 도구들은 모두 직접 개발해 적용했습니다.

　가격비교 서비스 초기에는 인터넷 쇼핑몰의 숫자나 상품

종류가 비교적 많지 않았던 때라, 시스템 자체는 고도의 기술력을 필요로 하지 않았습니다. 하지만 시간이 갈수록 제휴 쇼핑몰도 많아지고 상품 수도 기하급수적으로 늘어남에 따라 신속하고 정확한 가격비교 서비스를 위해서는 IT시스템을 고도화해야만 했습니다.

시스템이 뒷받침되지 않으면 인터넷 쇼핑몰에서 수시로 등재되고 사라지는 상품의 존재 여부에 대해서도 반영하지 못할 뿐만 아니라 가격 업데이트 또한 늦어지게 돼 오히려 소비자들의 컴플레인만 유발하기 십상이었습니다.

이 같은 이유로 다나와는 초기부터 상품 정보를 수집하고 갱신하는 데 많은 노력을 기울였습니다. 사업 초창기인 2003~2004년 전체 직원 수가 30여 명이었는데 그중에 10명이 개발자일 정도로 기술 중심 회사를 지향했지요.

그런 점에서 2008년 다나와에 합류한 조정원 씨는 제게 큰 힘이 됐습니다. 조정원 씨는 저의 대학과 직장 직계 후배입니다. 제가 여의도에 위치한 대한항공 전산센터에 근무할 때 처음 만났습니다. 이후 전산실이 방화동으로 옮겨가고 나서 함께 소주잔도 기울이면서 친하게 지냈습니다.

흥미로운 점은 제가 다나와를 창업하고 나서 대학-직장

으로 이어지는 직계 인맥에서 모셔온 사람은 조정원 씨가 유일합니다. 제 자신이 개발자이고 연구소만큼은 제가 직할로 이끌었기에 IT 개발 인재를 모셔야 할 요인이 적었습니다.

그런데 회사가 커지면서 연구소도 스타트업이 흔히 겪는 성장통을 겪을 수밖에 없었습니다.

연구소에는 개발팀과 함께 기획팀, 디자인팀도 있었는데, 이들 팀 간의 갈등이 만만치 않았습니다. 저는 이들 팀에 알력 다툼이 생길 때마다 골치를 앓곤 했습니다. 그래서 부장급 연구소장을 여러 번 교체해 가며, 강한 리더십과 함께 일사분란한 업무체계 확립을 주문했지만, 내부 알력은 좀처럼 해결되지 않았습니다. 각자 영역의 입장을 누그러뜨리지 않았던 탓입니다.

그런 상황에서 대한항공 전산실 후배인 조정원 씨를 만나 고민을 털어놓았습니다. 연구소를 맡아 시스템 관리 전체를 지휘해 달라고 요청했던 것입니다. 조정원 씨는 쉽게 이직을 결정하지 못했습니다.

저는 다나와의 미래에 탄탄한 IT시스템이 핵심이라고 보고 조정원 씨에게 간절하게 합류를 청했습니다. 조정원 씨는 고심 끝에 다나와에 2008년에 합류해 연구소장을 맡아 줬습니다. 당시 연구소장은 부장급이었는데 조정원 씨의 경우 상무급으로 올려서 영입했습니다.

저는 조정원 씨에게 세 가지를 요청했습니다. 먼저 팀 간 팀워크를 발휘시켜 조직을 안정화해 달라고 했습니다. 두 번째는 시스템 안정화였습니다. 세 번째는 사업 확대에 따른 시스템 확장성을 확보해 달라고 했습니다.

사실 이러한 것들은 대한항공의 전산실에서 가장 중요시했던 리더십의 핵심이기도 했습니다. 그래서 조정원 소장은 저의 요청을 금방 이해하고 필요한 일을 재빠르게 진행하기 시작했습니다.

실제 조정원 씨가 연구소를 맡자 팀 간 알력 내지 갈등은 서서히 사라지기 시작했습니다. 그리고 조정원 씨는 저의 요청대로 시스템의 리던던시(Redundancy)를 구축했습니다. 리던던시는 언제든지 시스템에 문제가 생겨도 '백업' 시스템을 가동시켜 서비스를 중단시키지 않는 운영방식입니다.

다나와는 대기업은 아니지만 서버 인프라를 기반으로 먹고사는 회사라 한 번이라도 멈추게 되면 치명적 상처를 입게 되지요. 그래서 역시 대한항공 출신인 조정원 씨를 영입하고, 리던던시를 구축하는 작업을 제1의 과제로 던져준 것이지요.

조정원 씨가 연구소를 운영하는 동안 예기치 않게 겪은 큰 장애도 있었습니다.

지금은 많이 바뀌었지만 4~5년 전만 해도 일 년 중 설 연휴 다음날부터 일주일 정도가 다나와의 가장 큰 대목이었습니다. 고객들이 연휴 동안 챙긴 세뱃돈을 소비하느라 평소보다 20~30% 정도 방문량이 늘어나 매출이 오르기 때문이지요.

근데 어느 해인가 설 연휴 다음날 점심 무렵에 검색엔진에 문제가 생겨 사이트 접속에 장애가 발생했습니다. 그때 역시 검색 성능 향상을 위하여 약간의 위험을 감수하고 가성비 좋은 검색엔진으로 변경하여 운영을 시작한 지 얼마 안 된 시기였습니다.

조정원 소장과 연구소 직원들 모두가 문제해결을 위하여 점심도 거른 채 원인을 찾아 나서서 자정 무렵 문제를 해결했습니다.

저는 답답한 마음을 누르고 연구소가 문제를 알아서 해결하기를 초조하게 기다렸습니다. 직원들이 점심을 거른 채 일하고 있는 듯하여 샌드위치와 커피를 보내 주었습니다. 문제를 해결했다는 메시지를 받자마자 기쁜 마음으로 집에서 나와 연구소로 달려갔습니다. 근처 호프집에서 비상근무를 했던 연구소 직원들과 함께 기분 좋게 호프잔을 기울였습니다.

라이벌 에누리 인맥, 정재웅

가격비교 서비스에서 에누리는 늘 다나와보다 앞서 달려갔습니다. 에누리는 LG전자 출신 서홍철 대표가 1998년에 세운 회사입니다. 다나와보다 2년 앞서 가격비교 서비스를 시작했기에 업계에서 가격비교 서비스 하면 에누리부터 먼저 떠올리곤 했습니다. 실제 에누리는 거래액 기준에서 2017년까지 다나와보다 앞섰습니다. 대중 인지도 면에서도 에누리가 다나와보다 늘 높았습니다.

그런데 에누리가 2014년에 사모펀드 VIG에 매각되면서 가격비교 서비스업계에 큰 변동이 일어났습니다. 사모펀드가 에누리 경영권을 인수하자 서홍철 대표는 뒷선으로 물러나고 전문 경영인들이 에누리에 합류하였습니다.

용산가 동향 정보를 청취하니 에누리의 서비스 본부장을 맡고 있는 정재웅 씨의 거취가 불투명해 보였습니다. 당시 안징현 대표가 정세희 씨, 이관헌 씨와 함께 용산전자상가 인맥인 정재웅 씨와 어울렸기에 그런 정보를 접했습니다.

저는 그 소식을 접하고 안징현 대표를 통해 정재웅 씨와 자리를 가졌습니다. 저는 늘 사람 욕심이 많았기에 비록 라이벌 회사 소속 사람이지만, 본인만 원한다면 목동 양산박에 모시고 싶었습니다. 또 마침 초창기 멤버로 다나와 성장에 큰 역할을 했던 정세희 씨가 다른 일을 하려고 이직을 계획하고 있어 정재웅 씨가 자연스럽게 합류할 수 있었습니다.

2015년 5월 다나와에 합류한 정재웅 씨에게 정세희 씨가 맡았던 제휴 파트 전체를 맡겼습니다. 정재웅 씨는 에누리에서 축적했던 노하우를 다나와에 접목시키면서 3년 만에 에누리 월 거래액을 앞지르기 시작했습니다.

정재웅 씨가 다나와 핵심 서비스 임원으로 자리를 잡고 또 에누리를 넘어서는 흐름을 만들어 내는 것을 보면서 라이벌 출신이라도 스스로 책임감을 갖고 일을 만들어 내는 사람을 곁에 두고 일을 맡기는 것이 얼마나 회사 발전에 중요한지를 절감했습니다.

정재웅 씨는 이관헌, 강명종 씨와 함께 삼두마차를 이루면서 다나와의 전성기를 활짝 열었습니다. 저는 다나와를 떠나고 나서 정재웅 씨와 식사를 할 때 가끔 이런 이야기를 들려

줬습니다.

"주변에 사람을 많이 두세요. 일을 할 만한 사람이 있으면 '이 정도는 괜찮아' 하면서 많이 두시면 그 사람들이 언젠가 밥값을 알아서 할 것입니다."

정재웅 씨도 그 자리에서 제가 실적을 낼 때까지 묵묵히 기다려 주었던 점이 좋았다는 피드백을 줬습니다.

목동의 안주인, 아내

아내 전경희는 저의 동반자이자 동업자입니다. 아내는 직장에서 저를 만나 1990년에 결혼하고 김포 본가에서 신혼생활을 시작했습니다. 1990년대에 수도권에서는 시부모님 댁에서 신혼생활을 시작하는 것은 극히 드물었는데 아내는 한마디 불평도 없이 저의 뜻을 존중해 줬습니다.

4년 시집살이를 하고 1994년 방화동에 전세를 얻어 분가하였습니다. 아내는 프리랜서로 개발자 일을 하였습니다.

1990년대 말에는 국세청의 Y2K 프로젝트 일을 하기도 하였습니다.

직장생활 할 때 사표를 세 번이나 낼 정도로 저는 현실과 타협하지 않고 삶의 스타일을 고집하는 사람이었습니다. 그럴 때마다 아내는 "당신 뜻대로 하세요"라면서 저의 선택을 지지했습니다. 특히 다나와 초기 서비스를 만들고 나서 세 번째 사표를 내겠다고 했을 때도 저의 결심을 적극적으로 지지하면서 동업자 역할을 자처했습니다. 아내 역시 개발자이기에 제게 최고의 공동 창업자였습니다.

다나와 초창기에 집에서 다나와 서비스를 관리할 때는 다나와를 매일 사용하면서 게시판에 이런저런 문의를 하는 헤비 유저들을 응대하는 일도 아내가 맡았습니다. 헤비 유저의 경우 워낙 컴퓨터 관련 지식도 많고 빅마우스 역할을 하기에 세심한 소통이 필요했습니다. 아내는 자신을 잘 드러내지 않고 조용히 작은 부분까지 잘 챙겨 줬습니다. 까다로운 고객을 상대하는 일을 아내가 도맡아 안정적으로 처리해 주니 저는 다나와 서비스 개발에 몰입할 수 있었습니다.

아내는 다나와를 홍보하는 전단지 1만 장을 만들어 용산 전자상가에 나가 상가를 찾은 사람들에게 전단지를 나눠줄

퇴임식에서 가족과 함께

때도 늘 저와 함께했습니다. 퇴직금(3500만 원)으로 받은 돈을 다 쓰고 쌀독이 바닥을 드러내자 그때야 "여보 쌀이 떨어졌어요"라고 말할 정도로 저를 배려해 줬습니다.

다나와를 만들고 나서 성장하는 과정에서 아내의 역할은 더욱 중요해졌습니다. 제가 미처 보지 못하는 면을 살펴서 뒤에서 조용히 다나와 사람과 소통하는 역할이었습니다. 각지에서 모인 장수들이 편안하게 자신의 능력을 발휘할 수 있도록 목동 양산박의 안주인 역할을 한 것입니다.

다나와가 성장하면서 식구가 매년 늘어났습니다. 집과 일터가 목동 안에서 딱 붙어 있다 보니, 퇴근하면 아내와 회사에서 벌어지는 일을 시시콜콜하게 공유하는 것이 일상의 루틴이었습니다. 아내는 회사 임직원이 어떤 사람이며 직원들의 관계가 어떤지를 소상하게 알 수밖에 없었습니다.

아내는 저도 모르게 임직원들과 교감하면서 제가 챙기지 못하는 일을 조용히 처리하는 역할을 했습니다. 저는 그런 일이 있었는지를 나중에 아는 경우가 대부분이었습니다.

아내의 그런 역할이 없었다면 제가 추구했던 목동 양산박 운영이 불가능했을 것입니다.

목동 양산박 풍경

강남보다 목동

저의 모교인 배재고는 선교사 아펜젤러가 세운 근대학교로서
이승만 전 대통령이 수학했을 정도로 역사가 깊습니다. 그러
다 보니 사회에 퍼져 활동하는 동문이 꽤 많습니다.

다나와가 창업 초기부터 언론을 타면서 자연스럽게 IT 분
야에 종사하는 동문 모임에 참가하였습니다. 제가 회사를 세
웠던 2000년은 닷컴 버블 끝 무렵이었습니다. 2000년대 중반
이후 다시 인터넷 업계가 웹2.0 흐름을 타면서 활기를 띠었습
니다. 다나와도 2000년대 중반 가격비교 시장에서 자리를 잡
았기에 언론과 투자업계로부터 관심을 끌었습니다.

고교 동문 IT업계 모임은 스타트업 창업자, 벤처캐피털 종사자, 대기업 IT 관련 임직원들이 중심을 이뤘습니다. 모임은 주로 강남에서 이뤄졌습니다. 당시 IT 스타트업과 벤처캐피털이 강남-분당으로 이어지는 강남벨트에 집중됐기 때문입니다.

여느 동문 모임이 그러하듯이 동문 모임은 가족 모임처럼 별 이야기를 다 나누는 자리입니다. 꽤 유익한 정보도 많이 얻곤 했습니다. 경영에 필요한 정보도 큰 도움이 되곤 했습니다. 또 일부는 때로 경영과 마케팅 정보보다 주식이나 투자 관련 정보를 나누는 데 더 관심을 보이곤 했습니다.

강남에서 주로 열리는 동문 모임에 몇 차례 나가면서 마음이 썩 편안하지 않았습니다. 동문끼리 친분을 쌓고 여러 가지 물밑 정보를 얻는 것은 도움이 되었습니다. 반면 기업 경영이나 기술개발 테마보다 M&A 등 투자나 주식 관련 테마 위주로 진행되는 대화는 제가 집중하지 못했습니다.

대학 시절 집안을 도우면서 배운 사업 철학은 핵심에 집중해야 한다는 것입니다. 사업에 집중하지 않고 인맥 쌓는 일이라든지 정보를 이용해 돈을 벌려고 해서는 안 된다는 점을 20대 초반에 마음속에 새겼습니다. 그런 생각은 스타트업을 하면서 자연스럽게 저의 경영 스타일로 굳었습니다.

그래서 저는 강남에서 열리는 동문 모임에 굳이 가지 않으려고 했습니다. 강남은 목동에서 멀기도 했고, 강남의 분위기가 왠지 저와 맞지 않아 오래 머무는 것이 불편했기 때문입니다. 무엇보다 투자 정보를 주고 받는 저녁 시간에 다나와 식구들과 어울리는 것이 더 가치 있다고 생각했기 때문입니다.

강남을 멀리하고 목동에 칩거하다시피 하면서 목동 생활을 하다 보니 사업 자체에 몰입하는 장점을 누렸습니다. 저는 집과 일터가 있는 목동이 참 좋았습니다. 아침에 집에서 걸어서 회사에 출근하고 점심에는 회사 임직원과 회사 근처 식당에서 점심을 같이했습니다. 저녁에는 수고를 한 직원과 맥주 한잔 하면서 스트레스를 풀고 집으로 돌아갔습니다. 기분 좋을 때는 임원들과 당구장에서 편하게 어울리기도 했습니다.

주말에는 임원들과 김포 근처 산을 찾아서 웃고 떠들고 놀았습니다. 산에 오르면 주중에 목동 안에서만 생활할 때와 다른 해방감을 맛봤습니다.

즐겨 찾았던 등산 코스는 제 고향 김포에 위치한 문수산이었습니다. 등산을 마치고 어릴 적 아버님와 추억이 있는 장어집에서 등산 뒷풀이를 많이 했습니다. 또 대명포구 맞은편

문수산 정상(2008). (왼쪽부터) 안징현, 박성민, 필자, 박영하, 정세희

인 강화 초지진선착장에서 임원들과 여러 차례 회식을 갖곤 했습니다.

외부에서 새로운 분이 입사하면 "성지순례 갑시다"라고 가볍게 농담을 던지며 그분들을 등산 모임에 꼭 초대했습니다. 전자신문 출신 박영하 씨, 금융권 출신 안징현 씨와 문수산에 올라서 촬영한 사진을 보면 그 시절 추억이 새록새록 솟습니다.

점심 경영

흔히 우리 말에서 식구(패밀리)는 밥을 같이 먹는 관계라고 합니다. 늘 같은 공간에서 자고 먹는 가족 구성원이야말로 식구이지요. 저는 스타트업을 만들고 나서 회사 구성원이 식구처럼 지내야 한다고 생각했습니다. 그렇게 하려면 주기적으로 함께 밥을 먹어야 한다고 봤습니다.

가정에서 식구는 밥상에서 밥을 먹는 동안 이런저런 이야기를 합니다. 굳이 말을 안 해도 표정만 보고 어떤 상태인지를 압니다. 또 늘 밥상에서 정보를 공유하면 한두 마디면 의사

결정을 할 수도 있습니다. 평소에 판단에 필요한 정보가 축적되어 있기 때문이지요.

목동 양산박에는 삼성과 같은 대기업 출신, 유통 출신, 언론계 출신, 금융계 출신 등 다양한 인재들이 함께 모였습니다. 출신과 경험이 서로 달랐고, 개성도 제각각이었습니다.

그런 점을 염두에 두고 저는 목동 양산박에 모신 인재들이 서로 어울릴 수 있도록 목동 안에서 밥 먹고 술 먹는 자리를 많이 만들려고 애썼습니다. 그런 노력 중에서 가장 중심 역할을 한 것은 점심 자리였습니다.

저는 창업 초기부터 주요 간부와 매주 점심을 함께하는 것을 경영의 기본으로 삼았습니다. 창업 초기 직원 수가 수십 명일 때는 부장, 차장급이 핵심 간부였습니다.

회사가 커지면서 외부 인력이 많이 들어오기 시작했습니다. 새로 합류한 간부급에게 주 1회는 꼭 함께 점심을 하자고 했습니다. 특히 간부회의가 열리는 화요일은 모두 약속을 하지 않고 함께 밥을 먹는 관행을 만들었습니다.

2004년 중반 무렵에 케이벤치에 다니던 이관헌 씨가 다나와에 합류했을 때입니다. 그는 목동에서 처음 근무하기에 주변 식당을 찾아서 돌아다니는 눈치였습니다. 그래서 제가 식당 찾아 돌아다니지 말고 나하고 점심을 매일 같이 하자고 했습니다. 그랬더니 그는 "사장님, 왜 그렇게 해야 합니까?"라고 의아해했습니다. 저는 "회사 간부와 매일 점심을 같이하는 것이 룰입니다"라고 딱 잘라 말했습니다.

화요일 점심이면 식당을 따로 정해 두지 않고 그때그때 메뉴를 정했습니다. 중국집을 이용하기도 하고, 계절에 따라 계절 메뉴를 선택하기도 했습니다. 반주도 곁들이면서 기분 좋게 낮술을 마실 때도 있었습니다. 저는 술만큼은 강권하지 않고 각자 주량대로 마시는 원칙을 고수했습니다.

봄, 가을 날이 좋을 때는 점심을 마치고 회사로 돌아오면서 회사 정문 앞 벤치에 앉아 함께 햇살을 즐기기도 했습니다. 점심 먹고 난 뒤에 회사 건물 앞에서 임원들과 얘기를 나누는 모습을 보고서 일부 직원들이 '원탁의 기사들'이라는 별명을 붙여 주기도 했습니다.

이렇게 점심 밥을 먹으니 시간이 흐르자 저절로 이런저런 이야기를 편안하게 나눌 수 있었습니다. 대체로 가볍게 세상 돌아가는 이야기를 하지만 간간이 직원 가족의 안부를 묻기도 했습니다. 물론 경우에 따라 회사 일을 놓고 대화하기도 했습니다.

고정적으로 매주 1회 이상 점심을 하다 보니 서로 인간적으로 친해지는 느낌을 공유했습니다. 서류를 놓고 하는 대화보다 밥과 술을 놓고 하는 대화가 역시 속이야기를 할 수 있게 한 것입니다.

제가 직장 생활을 할 때 윗사람과 간혹 식사를 하는 자리를 갖고 했습니다. 대체로 한국 기업의 간부들이 부하 직원과 식사를 하면 혼자서 대화를 이끌어 가기 마련입니다. 직원들도 함부로 의견을 말하기 어려워 속마음을 숨기고 형식적인 말을 하는 경우가 많습니다.

회사 이슈가 있을 때는 공식회의보다 점심 자리에서 더 다양한 의견을 들을 수 있었습니다. 제가 하고 싶은 아이템을 말하면 간부들은 제 생각의 허점이나 위험 요소를 가감 없이 이야기했습니다. 딱딱한 회의 석상이나 보고 자리 분위기에서는 나올 수 없는 이야기가 바로 밥을 함께 먹는 자리에서 나오는 것입니다.

점심 경영을 통해 얻은 가장 큰 소득은 밥상머리 대화를 통해서 회사 돌아가는 일이 저절로 공유되는 점이었습니다. 주간회의는 현황 데이터를 확인하는 자리 역할만 하고, 점심 자리는 실제 경영 판단에 필요한 정보와 인사이트를 공유하는 역할을 했습니다.

어떤 경우에는 밥을 먹는 동안 눈빛이나 안색만 봐도 누가 무슨 생각을 하고 있고, 누가 컨디션이 안 좋은지를 알 정도였습니다.

'성대리'와 슬리퍼 소리

다나와 초창기에 근무했던 직원들은 제가 없는 자리에서 자기들끼리 '성대리'라는 별명으로 불렀다고 합니다.

다나와는 목동 벽산미라지에 마련된 아주 조그만 소호 오피스에서 시작해 다나와 성장에 따라 현대41타워에 이어 현대드림타워로 계속 이전했습니다.

현대드림타워에서는 2개 층에 200여 명이 근무했습니다. 제 방은 5평도 안 되는 조그마한 방이었습니다. 저는 모니터를 보면서 다나와 시스템 상황을 수시로 체크하는 버릇이 있었습니다. 그러다 슬리퍼를 신은 채 이 팀 저 팀을 기웃거리면서 일하는 직원들에게 말을 붙이곤 했습니다.

"성대리가 나타났다."

멀리서 슬리퍼 소리를 들은 직원들은 각자 모니터에서 메신저로 성장현 대표가 떴다는 소식을 돌리면서 저의 출현을 공유했다고 합니다. 제가 사무실 각 팀을 돌아다니며 세세한 것 하나하나를 살피고 다녔기 때문이라고 합니다.

직원들은 당시 저의 슬리퍼 발걸음 소리가 들리지 않는다 해서 관심의 대상에서 벗어난 게 아니라고 생각했다고 합니다. 슬리퍼 소리가 들리지 않으면 'PC 앞에 앉아 사이트를 모니터링하고 계시겠지'라고 생각했던 것이지요.

당시 사내 커뮤니케이션은 초창기 MSN 메신저를 통해 이뤄졌습니다. 나중에 인트라넷을 로터스노츠 시스템으로 바꾸면서 노츠 메신저로 바꾸었습니다. 저는 모니터를 보다가 수시로 메시지를 임직원들에게 보내곤 했습니다.

콘텐츠 생산 역할을 담당하고 있던 정보팀의 경우 '성대리'의 지적을 가장 많이 받았을 듯합니다. 다나와 콘텐츠는 가격비교 사이트 특성상 기사와 같이 노출해야 하는 연관 정보가 많았습니다.

가령 27인치 모니터 신제품에 대한 소개 기사를 작성한다고 하면, 기사 본문 외에 27인치 모니터 몇 종류를 연관 상품으로 링크를 걸고, 27인치 모니터에 대한 사용기나 리뷰도 찾아 링크를 걸도록 했습니다. 그런데 기자들이 이 과정을 생략하고 기사만 달랑 노출하면 저는 바로 보완을 요청했습니다.

아무리 좋은 기본기를 갖추어도 사소한 부분에서 디테일이 떨어지면 소비자들은 떠난다는 생각에 틈만 나면 현업 부서를 찾아 코칭을 하고자 했습니다. 지금 생각하면 간섭처럼 비쳤을 수도 있을 것 같습니다. 다만 저는 직원들을 제 사무실로 불러 큰소리치면서 지적하는 경영자가 되지 않으려 했습니다.

격의 없이 직원들에게 다가가 제 의견을 전하려고 했습니다. 누구나 지적을 받고 야단을 맞으면 기분이 좋지 않았을 것입니다. 직장 동료로서 디테일을 이야기하면 더 쉽게 받아들일 것이라고 생각했습니다. 그래서 성대리라는 별명이 그리 싫지 않았습니다.

골프 모임

제가 골프를 시작한 것은 2007년 무렵입니다. 직장생활을 할 때 골프는 꿈도 꾸지 못했고, 창업 초창기에는 개발에 몰두하고 생존을 걱정하였기에 골프에 마음을 둘 여유가 없었습니다. 다나와를 함께 꾸릴 장수들이 속속 목동으로 모이면서 나름대로 스킨십 활동을 열심히 했습니다.

목동에서 저녁에 소주잔을 나누고 주말에는 가까운 산을 함께 올랐습니다. 또 정기적으로 회사 체육대회나 워크숍을 열어 임직원이 함께 어울렸습니다. 통상적인 스킨십 활동을 몇 년 하다 보니 새로운 친목 활동이 필요하다고 느끼기 시작했습니다. 그런 와중에서 직장생활을 할 때는 한 번도 생각하지 않았던 골프에 자연스럽게 눈길이 갔습니다.

저를 비롯해 회사 임원 대부분은 골프 문외한이어서 2007년 무렵 비슷한 시기에 함께 골프를 배우기 시작했습니다. 또 다행히 회사 곳간이 여유가 있는 덕분에 골프 회원권 구입을 어렵지 않게 결정하였습니다.

제가 강남 벤처기업인 모임이나 유명 대학 최고경영자 과정 모임에 관심이 없었기에 외부 사람과 골프를 칠 일이 별로 없었습니다. 따라서 주말이면 다나와 임직원과 골프 약속을 만들어 골린이 시절을 함께 보냈습니다.

골프에 재미를 붙이면서 봄과 가을 날씨가 좋은 계절에

는 1박 2일 골프 이벤트를 만들어 강원도 평창이나 홍천을 찾았습니다. 오고 갈 때 차 안에서 수다를 떠는 재미가 쏠쏠했습니다. 회사 이야기도 하지만 가족 근황이나 개인 고민까지 스스럼없이 나눴던 것 같습니다.

2023년 말 유명 빅테크 기업의 골프 문화가 화제를 모았습니다. 주가 조작으로 창업자와 투자부문 간부가 수사 대상에 오르자, 긴급 투입된 구원투수 격 경영자가 내부 점검을 하면서 수십억 원대 골프회원권을 부서마다 보유하고 있고 어떤 간부는 월 12회 이상 골프를 하는 관행을 포착하고 이를 소셜미디어에 폭로했습니다. 짐작컨대 이 회사의 경우 부서장이 내부 사람과 팀워크를 다지는 데 사용하는 것보다 외부 사람과 어울리면서 자신의 개인 인맥을 관리하는 데 더 사용했을 가능성이 높은 것 같습니다.

저는 회사가 성장하면서 골프장 회원권을 계속 추가로 확보하여 팀장급 이상은 눈치 보지 않고 이용할 수 있도록 했습니다. 회사에 새로운 사람이 합류하면 꼭 함께 골프를 하고 또 다른 임원들과 골프를 하면서 어울리도록 노력했습니다.

주중에 임직원들과 식사할 때 골프가 화제에 오르면 제가 언제 불러주나 각자 기대하는 분위기를 느끼곤 했습니다.

홍천 임원 워크샵(2018)

목동 양산박 사람들에게 골프는 목동이라는 지역 경계에서 벗어날 수 있는 소풍놀이였는지 모르겠습니다.

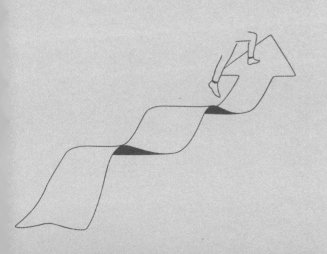

다 함께, 한 계단씩

끊임없는 회사 매각 제의

제가 다나와를 설립해 코리아센터에 매각하기까지 22년 세월
이 흘렀습니다. 참 재미있게, 그리고 신나게 일을 했습니다.
고비도 많았지만 고비를 잘 넘기고 다나와를 떠날 수 있었던
것은 모두 저와 함께했던 사람들 덕분입니다.

경영을 하는 22년 동안 참 유혹이 많았습니다. 다나와가
외부에서 보이지 않는 숨은 저력을 발휘하면서 뚝심 있게 온
라인 유통 생태계에서 자리를 잡자 본격적으로 유혹이 시작
됐습니다. 제게 회사를 팔라는 제의였던 것이지요.

다나와는 시작부터 흑자를 내는 회사였습니다. 그러다

보니 창립 초창기부터 주변에서 회사를 사겠다는 사람이 꽤 많았습니다.

하루는 아는 사람의 소개로 한 회사 관계자가 찾아왔습니다. 다나와를 인수하고 싶다면서 매수 당시 강남 아파트 한 채 값 정도의 가격을 제시했습니다. 사업에 한참 재미를 붙이고 있던 터라 경영권을 넘겨주기 싫었지만 속으로는 아파트 한 채 값에 좀 흔들렸습니다.

그런데 협상 과정에서 일부는 현금으로 지불하고 나머지 대금은 자신의 회사 주식으로 주겠다는 이야기를 듣고 협상을 접었습니다. 지분을 현금으로 사겠다고 했으면 아마 거래가 성사되었을 것입니다.

이후에도 다나와가 꾸준히 성장하는 것을 눈여겨본 여러 곳에서 저를 찾아와 회사 매각 의사를 타진했습니다. 그중에서 2008년 말 접촉이 있었던 마이클 양의 비컴닷컴(become. com) 협상이 먼저 떠오릅니다. 비컴닷컴은 미국에서 2005년에 시작한 가격비교 검색 서비스였고, 창업자는 마이클 양(한국명 양민정)과 윤여걸 씨였습니다.

두 사람은 1996년 미국 실리콘밸리에서 마이사이먼닷컴이라는 가격비교 검색 서비스를 설립해 1999년 씨넷에 수천만 달러에 매각해 돈과 명성을 얻었습니다.

마이사이먼 주역이었던 두 사람은 각기 다른 일을 하다가 2005년 다시 만나 비컴닷컴을 세웠습니다. 두 사람은 한국을 방문해 회사 설명회를 하는 등 활발하게 활동하였습니다. 마이클 양은 특히 다나와에 호감을 갖고 찾아와 회사 인수 의사를 밝혔습니다.

다나와 입장에서 세계적 명성을 갖고 있는 한국계 창업자에게 매각하는 것은 매력이 있었습니다. 글로벌 서비스에 한 축을 담당할 수 있을 것이라는 기대감을 가졌던 것이지요. 투자시장과 언론도 꽤 흥미로운 딜이 될 것이라고 봤습니다. 하지만 실제 협상과정에서 서로 맞지 않는 부분이 많아 저는 매각 의사를 과감하게 접었습니다.

두 번째 유혹은 2011년 코스닥에 상장하고 나서 3년쯤 흘렀을 무렵입니다. 보고펀드가 뿌리인 VIG파트너스가 다나와를 찾아와 인수 의사를 밝혔습니다. VIG파트너스가 다나와에 매수의사를 밝힌 것은 어쩌면 자연스러운 상황이었습니다.

VIG는 가격비교시장의 양대 기둥인 에누리와 다나와를 동시에 인수해 국내 시장을 평정하고 싶어 했습니다. 인터넷 산업이 성장하는 시장에서 독과점 체제를 구축한다는 것은 아주 매력적인 전략입니다. 미국에서 온라인 결제 서비스인 페이팔과 엑스닷컴이 합병해 페이팔 온라인 결제 시장 독점 체제를 구축한 것이 대표적인 사례입니다.

다나와 입장에서 VIG와의 제안을 꼼꼼히 따져 보니 그리 매력적이지 않았습니다. 특히 다나와의 힘만으로 더 성장할 수 있다고 믿었기에 낮은 가격에 회사를 넘기고 싶지 않았습니다. VIG는 다나와와의 협상이 무산되자 2014년 에누리만 단독 인수한 후 2018년에 코리아센터에게 다시 매각하였습니다.

다나와 매각을 결심하다

돌이켜보면 사모펀드 인수 제의를 물리친 것은 정말 잘 한 선택이었습니다. 다나와가 2011년 상장 이후 2015년까지 실적이 계걸음을 했지만 2016년부터 리바운드가 시작되어 숨가쁘게 성장했기 때문입니다. 팬데믹 상황 속에서도 다나와는 더 가파르게 성장했습니다.

매각 이슈가 나온 것은 2020년 초 정도였습니다. 온라인 쇼핑계 인수합병 붐은 신세계가 먼저 촉발했습니다. 혜성처

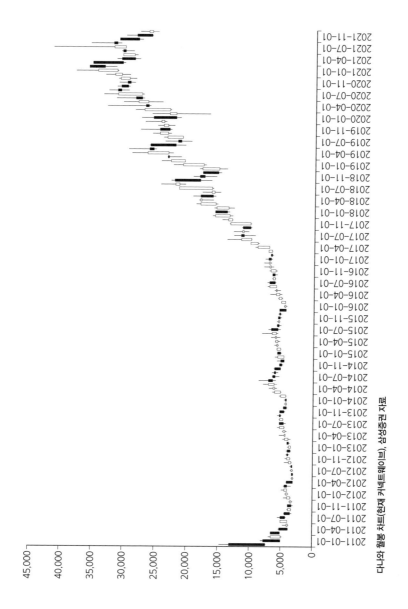

다나와 월봉 차트(현재 커넥트웨이브), 삼성증권 자료

럼 등장한 쿠팡이 로켓배송 등 각종 신무기를 도입해 국내 유통산업 전체를 흔들었습니다. 또 배달의민족, 마켓컬리, 오아시스 등 새로운 플레이어가 등장해 온라인뿐만 아니라 오프라인 유통 판도를 뒤흔들기 시작했습니다. 여기에 코로나로 인해 온라인 유통이 완전히 기본 유통으로 자리를 잡으면서 규모가 기하급수적으로 커졌습니다.

롯데와 신세계는 처음에 쿠팡이 적자 누적으로 곧 망할 것이라고 예측하다가 쿠팡이 뚝심 있게 밀어붙이며 흑자 전환 조짐을 보이자 화들짝 놀라 대책을 찾기 시작했습니다. 위기감을 느낀 신세계는 2019년 G마켓을 보유한 이베이코리아 지분을 거액(3조 4404억 원)에 인수하였습니다.

대기업의 G마켓 인수 건을 시발점으로 시장에 온라인 쇼핑 관련 인수합병 루머가 많이 돌았습니다. 그런 루머 목록에 다나와도 오르기 시작했습니다. 실제 다나와에 관심을 갖고 직간접적인 접촉을 시도하는 기업들이 등장하기도 했습니다.

신세계의 G마켓 인수를 계기로 저의 고민이 깊어졌습니다. 회사를 매각하기에 최적의 시점을 맞이한 것이라고 판단했습니다. 유통산업 패권이 오프라인에서 온라인으로 완전히 넘어가는 시점이었고, 그 시점에 확실한 서비스와 수익모델을 갖고 있는 다나와를 필요로 하는 곳이 많았습니다.

다나와를 매각하지 않는다면 제 나이를 고려해 2세 경영 또는 전문 경영인 체제를 염두에 두지 않을 수 없었습니다. 하지만 저는 외동딸의 경영 참여를 미래 구상에 넣지 않았습니다. 예술을 전공한 딸아이가 원하지 않았기도 했지만, 주변에서 스타트업으로 시작해 세습 경영으로 변하는 모습이 그리 좋은 모습은 아니라고 생각했습니다.

저는 가까운 사람에게 고민을 털어놓고 회사 매각을 진지하게 검토하기 시작했습니다. 박수받을 때 떠나라는 말이 있습니다. 저 역시 다나와가 여러 어려움을 겪으면서도 탄탄하게 자리를 잡으며 성장하는 시점에 경영 일선에서 물러나는 것이 최선이라고 판단했습니다.

저는 2021년 상반기에 다나와 매각을 최종 결심했습니다. 그러면서 아예 M&A시장에 공개적으로 다나와를 내놓는 방식을 선택했습니다. 비밀리에 매수처를 타진하는 방식에 비해 공개매각은 경쟁입찰을 통해 최고가를 제시하는 회사에게 지분을 넘기는 방식입니다.

다나와의 실력과 내실에 그만치 자신이 있었던 덕분에 공개매각 방식을 주저없이 선택했습니다. 공개매각을 위해

NH투자증권을 주간사증권사로 선정하였습니다. 또 다나와 대표 안징현 씨에게 소통 창구 역할을 맡겨 공개매각을 차분하게 추진하였습니다.

다나와 매각을 위한 공개입찰 절차가 시작되자 시장은 뜨겁게 반응했습니다. 오프라인 유통업계 강자와 대형 포털이 다나와 인수에 관심을 갖고 있다는 기사가 언론에 오르내렸습니다. 누가 얼마를 부를 것이냐는 입찰 가격도 시장의 관심을 받았습니다.

예비입찰을 통해 거래 조건에 맞는 5~6군데를 뽑아 본입찰을 진행했는데, 재무적 투자자인 사모펀드와 전략적 투자자가 적절히 포함되어 입찰 분위기도 제법 뜨거웠습니다.

2021년 11월 최고가를 써낸 코리아센터가 최종 인수 대상자로 선정되었습니다. 입찰 과정에서 코리아센터가 최고가 입찰을 했다는 소식을 접하고 속으로 "세상은 돌고 도는구나"라고 생각했습니다.

코리아센터의 뿌리는 독립 온라인 쇼핑몰에게 플랫폼을 빌려주는 메이크샵이지만, 다나와의 라이벌인 에누리를 품고 있었기 때문입니다.

사연은 이랬습니다. 2014년 VIG가 에누리를 인수하여 경영하다가 2018년 메이크샵을 운영하는 코리아센터에 1000억 원에 매각했습니다. 에누리의 주인이 다시 바뀐 것이지요.

그런데 코리아센터 뒤에는 아시아 최대 사모펀드인 MBK가 있었습니다. MBK가 국내 온라인 쇼핑산업 생태계에서 핵심 축을 장악하려고 코리아센터를 앞세워 에누리와 다나와를 동시에 품으려고 입찰에 참여했던 것입니다.

오래전 VIG가 추진했던 에누리 다나와 동시 인수 전략을 한참 세월이 흘러 MBK가 실행했다고 생각하니 세상은 돌고 돈다는 말을 새삼 실감했습니다. 2022년 3월 최종 대금결제가 이루어짐에 따라 다나와의 매각은 종결되었습니다.

이후 다나와와 코리아센터는 그해 12월에 합병하여 커넥트웨이브로 탄생하였습니다. 이런 과정을 거쳐 방화동 아파트에서 시작했던 다나와가 제 품을 떠났습니다.

또 다른 양산박, 다성 벤처스

2023년 9월 7일 저녁 서울 서초구 일이타워 14층에서 다성벤처스 창업 행사를 조촐하게 열었습니다. 6시로 예정된 창업식을 앞두고 저와 이런저런 인연을 맺었던 사람들이 한두 명씩 사무실에 모이기 시작했습니다.

저는 대한항공 전산실 동료, 다나와 임직원, 고교와 대학 친구, 그리고 창업하고 나서 인연을 맺었던 온라인 쇼핑 업계 몇분에게만 창업 소식을 알렸습니다. 행사를 하지 않고 그냥 넘어가려고 했는데 그래도 가까운 분들이 섭섭해 할 것같아 소수에게만 행사 소식을 전했습니다.

창업식은 보통 한국의 회사가 하는 의식처럼 돼지머리, 북어, 막걸리를 마련해 창업고사 형식으로 진행되었습니다. 작은 사무실 가운데 고사상을 차려놓고 주변을 쭉 둘러보니 다나와 시절 함께 근무했던 연구소 직원들의 얼굴이 눈에 띄었습니다. 이들은 다나와에 근무 중이라 초대하지 않았는데 어디서 창업식 소식을 듣고 퇴근 후에 찾아온 듯했습니다.

창업고사를 마치고 미리 준비한 선물을 참석자에게 나눠 드리고 음식과 술을 나눠 마시면서 다나와 시절을 회고하거나 덕담을 나눴습니다. 회사를 매각한 후 가족들과 시간을 보내며 푹 쉬다가 오랜만에 사람들과 어울리는 분위기를 만끽했습니다. 10여 개월 세상과 떨어져 지내다가 둥지를 마련하고 사람들을 다시 만나니 새로운 에너지가 솟았습니다.

다성벤처스는 스타트업에 투자를 하는 벤처캐피털사입니다. 제가 벤처캐피털사를 창업한 것은 인생 3막을 시작하는 것입니다. 1막이 대기업 월급쟁이의 삶이었고, 2막은 스타트업 창업자이자 경영자의 삶이었습니다.

인생 3막을 강남에 터를 잡고 시작하였습니다. 경기 김포, 서울 방화동과 목동으로 이어지는 서울의 서쪽에서만 활동하다가 이번에는 강남에서 활동하게 됐습니다. 제가 목동을 떠나 강남에 사무실을 마련한 것은 인생 3막을 벤처캐피털리스트로 활동하려고 하기 때문이었습니다.

저는 다나와를 떠나고 나서 남은 삶 동안 하고 싶은 일과 해야 할 일에 대해 많이 생각했습니다. 최종 결론은 벤처캐피털 창업이었습니다. 저의 창업 경험을 창업에 도전하는 젊은 세대와 나누고 싶었습니다. 창업 도전자와 만나는 창구로서 벤처캐피털이 가장 좋을 것이라고 판단했습니다.

벤처캐피털은 기술과 아이디어를 갖고 자신만의 사업을 하려는 예비 창업자 또는 창업자를 늘 만나야 하는 업종입니다. 세상에 없는 것을 만들려고 하거나 기존 세상의 질서를 바꾸고 싶어하는 사람은 생기가 있고 열정적일 수밖에 없습니다.

다성벤처스 사무실

그런 사람을 만나면 창업할 때 저의 모습을 간접적으로 볼 수 있을 것이라고 기대합니다. 특히 저처럼 직장인 출신 창업가와 만나면 깊은 공감대를 갖고 대화를 나눌 수 있지 않을까요.

이와 같은 저의 생각을 행동으로 옮기는 데 큰 힘이 되어준 사람이 다성벤처스 김정민 대표입니다. 약 15년 전 한미창투(현 에이티넘인베스트먼트) 시절부터 교류하던 사이이긴 하지만, 저와 비전을 공유하며 대표로 선뜻 나서지 않았다면 출발이 쉽지 않았을 것입니다.

월급쟁이여, 창업을 꿈꾸자

코스닥에 기업을 공개하고 나서 3년쯤 지난 시점이었습니다. 회사 인사 담당이 신입사원 교육에 제가 강연을 하면 좋겠다고 요청을 해 왔습니다. 저는 신입사원 앞에서 강연을 하면서 평소 저의 소신을 솔직하게 이야기했습니다.

'월급쟁이의 삶은 자기 삶이 아니다. 그래서 나는 굴레에서 벗어나기 위해 창업을 했다. 여러분도 창업의 꿈을 가져라'

라고 권했습니다. 저의 직장생활과 창업 과정이 머릿속에 떠올라서 그런지 저 나름대로 열정적으로 이야기했던 것 같습니다.

그런데 그다음 해 인사 담당이 찾아와서 "회장님 이번 신입사원 교육에는 오시지 마십시오"라고 말하는 것입니다. 지난번 입사했던 신입사원들이 대거 회사를 나갔는데 아무래도 회장님의 강연 영향이 컸던 것 같다는 것입니다.

저는 직장인들이 그저 집과 회사를 오가는 직장생활을 하면서 미래를 불안하게 생각하지 않기를 바랍니다. 직장의 삶은 모두 끝이 정해져 있다고 봅니다. 아무리 직장 안에서 출중하게 활동하고 최고 임원에 오르더라도 마지막에는 회사를 떠나야 합니다.

직장인의 삶은 계단 오르기가 아니라 쳇바퀴를 도는 것일 수 있습니다. 이에 비해 창업은 스스로 선택한 계단을 오르는 일입니다. 자기만의 삶을 개척하기 위해서는 창업을 꿈꿀 것을 추천합니다.

물론 직장인의 창업은 결코 쉬운 일이 아니고 또 성공 확률도 높지 않습니다. 가장 중요한 것은 자신의 마음 깊숙이 자리 잡고 있는 욕구를 정확히 읽어 내는 것입니다. 달리 표현하면 타인이 규정한 삶에서 벗어나고자 하는 절박함을 확인하는 일입니다. 마음속에 자신이 주도하는 삶을 살고 싶은 욕구가 자리 잡고 있다면 용기를 내야 합니다. 아울러 용기를 뒷받침할 수 있는 자신만의 무기를 마련해야 합니다.

저는 거창한 사업 계획이나 획기적인 아이디어가 없어도 창업이 가능하다고 생각합니다. 하지만 기본에는 충실해야 합니다. 그것 못지 않게 중요한 것은 함께 믿고 의지하면서 일할 수 있는 파트너를 잘 찾는 노력입니다.

한 계단씩, 다 함께

춘천 소양호에서 배를 타고 들어가면 청평사라는 절이 있습니다. 배에서 내리면 청평사로 가는 계단을 만납니다. 계단 아래에서는 청평사의 모습을 전혀 볼 수 없습니다. 힘든 계단을 한 계단씩 올라가면 올라갈 때마다 다른 풍광을 만납니다. 그러다 어느 순간에 청평사의 모습이 눈에 확 들어옵니다.

제가 첫 번째 계단에서 다음 계단으로 오른 힘은 절박함이었습니다. 직장 생활은 하루하루 지내기는 편했습니다. 하지만 10년 후 나의 모습을 그려 보니 답답하기 짝이 없는 삶이 나를 기다리고 있었습니다. 그래서 어떡하든지 내 삶을 내 힘으로 꾸릴 수 있는 길을 찾으려고 기를 썼습니다.

절박함에서 다시 한 계단 오르는 계기는 인터넷 세상을 만난 것입니다. 인터넷에 접속해 이런저런 사이트를 살피고 또 인터넷 도메인을 구입하다 보니, 직장에서 전혀 보지 못한 세상이 눈에 들어왔습니다. 세상이 바뀌고 있었습니다. 인터넷이라는 가상의 공간에서 사람들이 대화하고 연결되고 또 물건을 사고파는 모습이 눈에 들어왔습니다.

그다음 계단은 인터넷 사이트를 만드는 것이었습니다. 제힘으로 뚝딱해서 인터넷 사이트를 만들어 작동시키니 또 다른 풍경이 보이기 시작했습니다. 정보에 목마른 사람들이 다나와 사이트를 매일 찾아와서 열심히 활동하는 것을 보면서 또 다른 세상이 있음을 깨달은 것입니다. 인터넷 사이트를 만들기 전까지 전혀 상상하지 못했던 세상이었습니다.

다나와가 컴퓨터 관련 제품 가격비교 정보를 인터넷에 공개하고 나서 1~2년 지난 시점이었던 것으로 기억합니다. 용산에 사람을 만나러 가는 길에 나진 상가를 한 바퀴 쭉 둘러보고 있을 때였습니다. 갑자기 매장 안에 있던 사람들이 상가

복도로 몰려나오면서 "다나와가 안 돼, 사이트가 죽었어"라고 서로 외쳤습니다. 또 유통업체 주인과 종업원들이 서로 얼굴을 쳐다보면서 "거기도 안 돼?"라고 서로 물으면서 다나와 사이트가 먹통이 됐다고 말했습니다.

회사 컴퓨터 화면만 쳐다보고 있었으면 전혀 알지 못할 풍경이었습니다. 나진전자상가 각 매장이 모두 사무실 컴퓨터 화면에 다나와 사이트를 띄워 놓고 실시간으로 가격정보를 모니터링하고 있었던 것입니다.

다나와 사이트를 작동하는 계단에서 다시 한 계단 오르게 한 것은 또 절박함이었습니다. 2000년 10월쯤 아내가 컴퓨터 화면에 매달려 일하고 있는 제게 "여보 집에 쌀이 떨어졌어요"라고 말하는 것입니다. 퇴직금으로 받았던 3500만 원을 다 쓰고 현금이 뚝 떨어진 상황이었던 것입니다.

그때 쌀값을 벌어야겠다는 절박한 생각 끝에 유료화를 구상했습니다. 한국의 대다수 인터넷 업체가 수익모델 없이 가입자 수 늘이기에 몰두하고 있던 시절에 어쩔 수 없이 유료화를 도입하기로 결심한 것입니다.

유료화에서 그다음 계단은 배너광고 시장이었습니다. 배너광고가 입점수수료에 이어 대박을 터뜨리면서 매달 통장에

큰돈이 쌓이기 시작했습니다.

회사통장에 돈이 쌓이면서 저는 다음 계단에 오를 수 있었습니다. 곳간에 여유가 있으니 나와 함께 일할 장수(인재)를 찾아서 모시는 계단에 발을 디뎠습니다.

앞서 상세하게 소개했듯이 그다음 계단은 여러 장수의 도움으로 함께 오를 수 있었습니다. 목동 양산박에 모인 인재들이 각자 알아서 제 일을 찾아서 성과를 내었습니다. 때때로 위기가 닥쳤지만, 그들이 스스로 해법을 찾아서 위기를 돌파하였습니다.

제게 벤처캐피털사는 3막 인생입니다. 1막이 대기업 월급쟁이였고, 2막은 스타트업 창업자이자 경영자였습니다. 벤처캐피털은 생소한 분야입니다. 2000년 창업을 시작할 때처럼 첫 계단에 서 있는 심정입니다.

벤처캐피털 일은 잘 모르지만 창업을 꿈꾸는 샐러리맨과 함께하는 일을 하고자 하는 마음에서 첫 계단을 오르려고 합니다. 또 젊은 스타트업 창업자들이 원하는 꿈을 이룰 수 있는 데 작은 힘을 보태고 싶은 심정으로 계단에 서 있습니다. 벤처캐피털을 찾아오는 스타트업 창업자는 이미 직장인이 아닙니다.

꿈, 미래, 가능한 사업은 속성이 다릅니다. 큰 꿈을 미리

다 그래서 벤처캐피털을 찾습니다. 저는 그들에게 거창한 그랜드 디자인보다 한 계단이라도 오를 수 있는 기획안을 만들 것을 권유합니다. 한 계단 한 계단 올라가다 보면 결국 전체를 내려다볼 수 있는 순간이 열릴 것이라고 믿기 때문입니다.

저는 다성벤처스 사무실이 목동에 이어 강남 양산박이 되기를 바랍니다. 저와 함께 계단에 오르고 싶은 사람이면 누구나 찾아오는 곳이 되기를 바랍니다.

다나와 시절 계단을 오르다 보면 힘에 부칠 때가 있었습니다. 그때 저의 손을 잡고 끌어주거나 어깨를 부축해서 함께 계단을 오르는 사람이 늘 함께 있었습니다.

저는 함께하는 사람을 만나면 같이 "잘 놀아 봅시다"라고 말합니다. 저하고 길을 같이 걸어가는 사람이 잘 되기를 바랍니다. 동행자가 행복했으면 합니다.

다나와 시절처럼 한 계단씩 올라가면 그때마다 새로운 세상이 저를 기다리고 있을 것이라고 믿습니다.

주요 연표

연도	이커머스 트렌드	성장현 및 다나와 주요 이벤트	비고
1980		인하대 공대 입학	
1983	IBM XT출시		
1987	용산전자상가 오픈		
1988		대한항공 입사 전산실 근무	인사시스템 개발 담당
1990		-전경희 씨와 결혼 -경기도 김포에서 신혼생활 시작	
1994	아마존 출범	-김포에서 분가 -서울 강서구 방화동에 전세로 집 마련	
1995	이베이 출범		
1996	인터파크 설립		
1997	옥션 오픈		
1998	-미국 페이팔 오픈 -에누리 오픈(5월)		
1999	-중국 알리바바 출범 -미국 실리콘밸리 가격비교 사이트 마이사이먼(윤여걸, 마이클 양)이 고가에 매각-가격비교 국내 관심 고조	danawa.co.kr 등 도메인 확보	

242

연도	주요 내용	비고
2000	-인터파크, 자회사 구스닥(goodsdaq.co.kr) 설립 -메이크샵 설립(코리아센터 전신)	-방화동 아파트에서 다나와 프로토타입 사이트 개발 -디지털카메라 가격비교 서비스(danawa.co.kr) 시험(2월) -PC 관련 가격정보 비교로 전환(4월) -대한항공 퇴사 및 개인사업자 다나와컴 설립(2000년 4~5월) -최초 서비스 유료화 시도(10~11월) -언론에 다나와 보도되기 시작(6~12월)	-손윤환 씨 합류
2001	미국 이베이, 옥션 인수	-300만 누적 방문자 수 기록, 자체 웹 및 DB 통합서버 구축(2월) -목동 벡선미라지 오피스텔 사무실 오픈(6월) -컴부품 유통 딜러 전용 게시판 오픈(8월) -모바일 서비스 개시, URL 입력 방식 랭키닷컴(www.rankey.com) 국내 사이트 순위 100위 진입 -2000만 누적 방문자 수 기록(10월) -다나와 연동 쇼핑몰 서비스 개시(다나와의 쇼핑몰 헬로스팅 서비스)(11월)	-1호 사원 염호준 씨 입사(12월)
2002	-카페24 오픈 -고도몰 설립	-3000만 누적 방문자 수 기록(2월) -법인 전환(주식회사 다나와, 자본금 5억)(6월) -회원장터 매매보호시스템 도입(딜이즘, 서울보증보험, 유클리과 업무 제휴)(11월)	-가격정보에 현금가 표시, 용산전자상가와의 갈등 -서울전자신문 통해 다나와 비판하는 기사 시리즈 연재 -벤치마크 사이트의 콘텐츠 제휴 시작

연도			
2003	-네이버 지식쇼핑 오픈(9월) -구스닥, 2003년 G마켓(gmarket.co.kr)으로 변경	-소비자 맞춤형 포털사이트인 링크 다나와 닷컴 사이트(link.danawa.com) 개설(2월) -목동 오목교 근처 현대41타워로 사무실 이전(4월) -전자보증 매매보호 서비스 확대 적용 -기업부설연구소 설립, 벤처기업 승인(5월)	정세희 씨 합류
2004	-네이버 가격비교 서비스 본격 가동 -에누리, 마이마진, 베스트바이 등 종합 가격비교 사이트 경쟁	-기업부설 연구소 인증(1월) -목동 현대드림타워로 이전(3월) -다나와 매매보호에 의은 100% 안전구매 서비스 시행(9월) -다나와 연동쇼핑몰 택배연결 서비스(10월) -다나와 가전제품 컨텐츠 제공 -다나와 가전 사이트/다나와 상품통합검색 사이트/다나와 닷컴 사이트 오픈(12월)	이권한 씨 합류
2005	옥션, 네이버에 가격비교 등록	-다나와 벤처기업 등록승인(2월) -PC 가전 중심에서 전 상품 가격비교 쇼핑으로 확대 개편(9월) -노트북 가격비교 섹션 오픈(11월)	박영하 씨 합류
2006	가격비교 사이트 매출 급상승	-하나은행 매매보호(에스크로) 서비스 협력사 계약 체결(1월) -디스플레이, 게임 섹션 오픈(4월) -다음커뮤니케이션과 전략적 제휴 체결(6월) -자동차 섹션 오픈(8월) -용산역낙사무소 개설(10월)	강명종 씨 합류

2007	애플 아이폰 출시	-제휴 상품 수입기 2.0 개발(1월) -기술보증기금의 Kibo A+ Members(기술평가보증기)업로 선정(2월) -다나와 동영상 서비스 실시(2월) -오픈마켓 관리의 정석 다나와 프리마켓 솔루션 오픈(4월) -내가 만드는 조립PC, 바로PC 사이트 오픈(7월) -다나와 브랜드 블로그 서비스(8월) -2007 다나와 마케팅 컨퍼런스 개최(63일딤)(8월)	-안정현 씨 합류 -비컴닷컴과 협상 -조정원 씨 합류
2008	-11번가 설립 -미국 소셜커머스 그루폰 오픈	-사업부제 도입 -제42회 납세자의 날 기획재정부장관상 수상 -제8회 대한민국 디지털경영혁신대상 지식경제부장관상 수상	
2009	미국 이베이, G마켓 인수	-다나와 통합물류서비스 오픈 -책임배송서비스 오픈 -기술보증기금 벤처기업 인증 -상품전문 뉴스채널 '미디어잇(www.it.co.kr) 오픈 -중소기업청 기술혁신형 중소기업(INNO-BIZ) 인증(연장) -국내 VC인 튜브인베스트먼트(현 HB인베스트먼트)로부터 투자 유치	유상증자(신주) 및 구주매 각 검토 중 투자자 요청으 로 구주매각만 성사됨.

연도			
2010	- 소셜커머스 쿠팡/티몬/위메프 등장 - 배달의민족 오픈 - 카카오 선물하기 서비스 오픈, 옥션/G마켓을 보유한 이베이코리아 설립, 이베이코리아 가격비교 서비스 어바웃닷컴 런칭(7월)	- 한국 온라인쇼핑협회(KOLSA) 정회원사 가입 - 서울 중소기업청장 표창장 수상 - 코스닥 상장 준비 및 예비심사 청구(11월)	
2011	- 옥션 G마켓, 네이버 지식쇼핑에 상품 및 가격 데이터 제휴 중단 - 네이버, 11번가 가격비교 서비스 제휴 - 네이버 오픈마켓 플랫폼 준비	- 코스닥(KOSDAQ) 상장(1월) - 기술보증기금 벤처기업 인증 - 사내 부서인 콘텐츠팀을 미디어잇(www.it.co.kr)으로 분사	
2012	네이버 오픈마켓 플랫폼 샵N 출시(2월)	- 마이클럽 사이트(www.miclub.com) 인수 - 컴퓨터 온라인 견적서 서비스 오픈 - 다나와 딜러몰 오픈	샵N→스토어팜→스마트스토어 변화
2013	홈쇼핑 모아, 쿠차 등 모바일 가격비교 서비스 출시	- 마이클럽 사이트 개편 - 양천세무서 모범납세 표창장 수상 - (주)다나와컴퓨터 법인 설립 - 다나와자동차 신차 견적 서비스 오픈 - 임신육아 모바일서비스 육아클럽 앱 출시 - 2013 웹어워드코리아 최우수상 수상(다나와자동차)	

2014	-아웃 서비스 중단(1월) -에누리, 보고펀드에 매각(4월) -네이버, 스토어팜 런칭, N페이와 연동	한국인터넷진흥원 정보보호관리체계(ISMS) 인증 획득	정재웅 씨 합류
2015	-쿠팡 로켓배송으로 돌풍을 일으킴 -마켓컬리 새벽배송 런칭	-캠핑톡 for Kakao 모바일앱 인수 -캠핑톡 앱 개편 및 PC웹 서비스 오픈 -2015 정보보호관리체계(ISMS) 인증 획득 -2015 우수상표공모전 한국무역협회장상 수상 -제20회 한국유통대상 장관상 수상	
2016	쿠팡, 네이버 가격비교 서비스에서 철수	-한국데이터진흥원 콘텐츠제공서비스 품질인증 획득 -PC통합 품질챗봇 샵나나와 오픈 -대한민국 재충대왕 나눔봉사대상 수상	
2017	11번가 분사	-무상증자(증자 후 발행주식 총수 보통주 13,074,822주) -(주)늑대와여우컴퓨터 지분 인수 -다나와 여행 서비스 오픈 -오프라인 체험존 DPG ZONE 오목교점 오픈	
2018	VIG, 에누리를 코리아센터에 매각	-제52회 납세자의 날 국세청장상 수상 -제10회 대한민국코스닥대상 최우수사회공헌기업상 수상 -(주)디피지존 법인 설립(기존 DPG ZONE 사업부문의 포괄적 영업양수도)	

연도			
2019	-쿠팡 맴버십 서비스 출시 -배달의민족, 딜리버리히어로에 인수합병		
2020	-코로나 바이러스로 인한 팬데믹 시작 -롯데온 출범 -네이버 라이브커머스 출시	-(주)는대와여우컴퓨터 지분 매각 -상표 '키멀텔별 우수상표공모전 대한상공회의소장상 수상	
2021	-신세계, 이베이코리아(옥션/G마켓) 인수 -쿠팡, 미국 나스닥 성장 -야놀자, 인터파크 인수	-다나와 라이브쇼핑 서비스 오픈 -공개매각 절차 진행 -다나와 대주주는 (주)코리아센터와 주식매매 계약 체결(11월)	
2022		-(주)코리아센터로 최대주주 변경(3월) -(주)코리아센터와 합병, 커넥트웨이브로 사명 변경(12월)	
2023	다성벤처스 설립(6월)		김정민 대표 취임

248